城乡居民基本医疗保险
对健康不平等的影响研究

CHENGXIANG JUMIN JIBEN YILIAO BAOXIAN

DUI JIANKANG BUPINGDENG DE YINGXIANG YANJIU

赵羚雅 ◎ 著

首都经济贸易大学出版社

Capital University of Economics and Business Press

·北 京·

图书在版编目（CIP）数据

城乡居民基本医疗保险对健康不平等的影响研究 / 赵羚雅著. -- 北京 : 首都经济贸易大学出版社，2024.12. -- ISBN 978-7-5638-3789-2

Ⅰ. F842.613

中国国家版本馆 CIP 数据核字第 2024EC5630 号

城乡居民基本医疗保险对健康不平等的影响研究
赵羚雅　著

责任编辑	薛晓红
封面设计	砚祥志远·激光照排 TEL: 010-65976003
出版发行	首都经济贸易大学出版社
地　　址	北京市朝阳区红庙（邮编 100026）
电　　话	（010）65976483　65065761　65071505（传真）
网　　址	http://www.sjmcb.cueb.edu.cn
经　　销	全国新华书店
照　　排	北京砚祥志远激光照排技术有限公司
印　　刷	北京九州迅驰传媒文化有限公司
成品尺寸	170 毫米×240 毫米　1/16
字　　数	195 千字
印　　张	12.25
版　　次	2024 年 12 月第 1 版
印　　次	2024 年 12 月第 1 次印刷
书　　号	ISBN 978-7-5638-3789-2
定　　价	56.00 元

前　言

目前，人民日益增长的美好生活需要和不平衡不充分的发展之间的矛盾已成为我国社会的主要矛盾，而居民健康不平等就是我国社会主要矛盾在健康领域的集中体现。因此，持续提高人民健康水平、缩小健康不平等成为全社会共同关注的热点问题之一。为统筹解决人民健康相关问题，"健康中国"上升为国家战略。21世纪以来，我国先后建立起新型农村合作医疗和城镇居民基本医疗保险，为保障城乡居民健康发挥了重要作用。2016年以来，新型农村合作医疗和城镇居民基本医疗保险开始整合，于2019年年底建立起统一的城乡居民基本医疗保险。在理论层面，这一举措将使城乡居民公平享受统一的基本医疗保险权利，有助于逐步缩小城乡居民在基本医疗服务利用和健康水平上存在的差异。然而，城乡居民基本医疗保险能否有效提高居民健康水平并缩小健康不平等的程度，仍需用科学的数据和方法进行检验。

本项研究首先回顾并总结了居民基本医疗保险的发展历程和发展特点，结合统计数据具体分析居民基本医疗保险的实施状况；然后，从不同年份、不同户籍、不同性别、不同年龄段和不同参保情况五个角度介绍居民健康的水平与特点，采用Probit模型和最小二乘法（OLS）分析城乡居民基本医疗保险对居民健康的影响，并比较城乡居民基本医疗保险对不同户籍、不同性别、不同年龄居民健康影响的差异。其次，本项研究采用集中指数法测算居民健康不平等程度，并对居民健康不平等的构成进行分解，以识别城乡居民基本医疗保险等因素对居民健康不平等的影响。此外，本项研究分年度探讨居民健康不平等和城乡居民基本医疗保险贡献的变化，并对居民健康不平等的变化予以分解，以考察城乡居民基本医疗保险对健康不平等变化的贡献来源。在上述分析的基础上，本项研究从居民的医疗服务可及性和医疗服务利用水平两方面重点考察城乡居民基本医疗保险影响居民健康不平等的机制。掌握城乡居民基本医疗保险对居民健康不平等的影响与机制，可以为政策制定者选择公共政策工具以进一步改善居民健康不平等状况、优化城乡居民基本医疗保险制度、助力实现"健康中国"战略目标提供科学依据。

本项研究的结论可以归纳为以下三点：第一，城乡居民基本医疗保险对居民健康产生了显著的正向影响；异质性分析显示，城乡居民基本医疗保险对城镇居民、男性居民、60岁及以上居民健康改善的边际效应更大。第二，居民健康不平等集中指数为正，表明居民健康分布存在亲富人的倾向；健康不平等集中指数分解显示，家庭收入、受教育年限等社会经济地位因素是加剧健康不平等的主要因素，这说明居民健康不平等主要是由社会经济地位差异造成的，而城乡居民基本医疗保险是缓解健康不平等的主要因素，这表明城乡居民基本医疗保险的实施对缩小居民健康不平等的程度发挥了重要作用；随着时间的推移，城乡居民基本医疗保险覆盖了更多的低收入居民，并且城乡居民基本医疗保险始终对居民健康具有积极影响，因此对缓解居民健康不平等的贡献在扩大。第三，本项研究发现，城乡居民基本医疗保险缓解居民健康不平等的机制在于改善了居民医疗服务可及性和提高了居民医疗服务利用水平。以使用预防医疗服务、使用综合型大医院、生病及时就医三项指标衡量居民医疗服务可及性，以住院总天数和住院总费用衡量居民医疗服务利用水平，对居民医疗服务可及性和医疗服务利用水平不平等分解后发现，城乡居民基本医疗保险的集中指数均为负值，这说明城乡居民基本医疗保险的引入增强了低收入居民的医疗服务可及性并提升了低收入居民的医疗服务利用水平，从而改善了居民健康状况并缓解了健康不平等的程度。

根据研究发现，本书认为可以从四个方面优化城乡居民基本医疗保险制度及改善居民健康不平等状况。第一，在经济和社会条件允许的情况下，城乡居民基本医疗保险应从形式平等走向实质公平，调整已有的均等化补偿制度设计，使医疗资金和医疗服务等资源向低收入群体倾斜，改善低收入群体健康状况，以缩小居民健康不平等的程度。第二，完善初次分配和再分配，推进教育公平，以缩小社会经济地位差距，尤其是收入差距。第三，将医疗服务资源向基层下沉，提高低收入居民的医疗服务可及性和医疗服务利用水平。第四，重视公共卫生事业发展，预防保健与健康教育并举，通过预防措施改善居民健康状况，不断缩小健康差距。

目 录

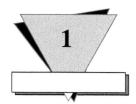

1

绪论

1.1　研究背景与意义

1.1.1　研究背景

（1）研究缘起

从古至今，健康始终是备受人们关注的热点话题。古希腊哲人德谟克里特提出：如果没有健康，金钱和其他东西都是无用的。德国哲学家叔本华认为：用健康来换取其他身外之物是人类所能犯的最大错误。联合国开发计划署将健康列为人类发展所需平衡的三大基本维度之首。健康的重要价值不仅在于它本身就是人类发展的重要目标之一，它还是人力资本的重要组成部分，也是经济社会发展的必要前提。健康意味着更为充足的劳动供给，有利于提高劳动生产率、增加受教育机会、促进经济参与、提高个人收入，进而带动经济增长与社会进步。《世界卫生组织组织法》规定，"健康是人类的基本权利之一，各国政府应对本国社会成员的健康负责"。

健康不仅关系到个人的命运前途，也关系到国家和民族的未来。新中国成立以来，医疗卫生事业取得了长足发展，人民健康状况得以显著改善。截至2021年年末，居民人均预期寿命从新中国成立初期的35岁提高到78.2岁，孕产妇死亡率从1 500/10万下降到16.1/10万，婴儿死亡率从200‰下降到5‰[①]。这三个国际通行的居民健康衡量指标的变化，见证了中国取得的健康成就。

随着科技的进步和社会的发展，人们对健康有了更为深入和全面的认识。健康不仅指拥有较高的健康水平，还涉及社会成员间的健康平等。健康不平等并非指所有的健康差异，而是指不同人群间健康状况存在着系统性差异，如穷人、妇女等人群比其他社会群体面临更多的健康风险和疾病的社会不平等现象[②]。健康不平等是一个全球普遍性问题。关于英国健康不平等研

---

① 国家卫生健康委员会，2022. 2021年中国卫生健康事业发展统计公报［EB/OL］.［2023-12-22］. Http：//www.nhc.gov.cn/guihuaxxs/s3586s/202207/51b55216c2154332a660157abf28b09d.shtml.

② Braveman P，2006. Health disparities and health equity：Concepts and measurement［J］. Annual Review of Public Health，27：167-194.

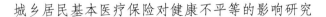
究的布莱克报告显示，1970—1972 年英格兰和威尔士地区的死亡率、发病率、预期寿命和卫生服务利用存在阶层差异，社会上层群体的健康状况明显优于社会底层群体，且有不断恶化的趋势①。在巴西，失业人群死亡率明显高于已就业人群；在委内瑞拉，贫困家庭婴儿死亡率高于非贫困家庭；在印度，由于性别歧视的存在，2 岁以下女婴死亡率约为男婴的 2 倍（Braveman，2002）②。随着中国城乡居民健康水平的提升，健康不平等问题日渐凸显，并有扩大的趋势。研究发现，中国健康不平等程度较高（胡琳琳，2005）③，且健康不平等程度在增加④。我国东中西部居民健康水平与健康不平等程度存在明显差异，健康不平等从东部地区到西部地区呈递增趋势，发达地区同时具有较高的健康水平和较低的健康不平等，欠发达地区则相反（王洪亮等，2017）⑤。多项针对中国老年人的研究发现，全国老年人的健康水平在平稳提高，但健康不平等现象日益严重⑥，老年人当中存在偏向富人的健康不平等⑦⑧，并且中老年群体中健康不平等的亲富程度正在加剧⑨。此外，儿童、女性群体内也被证实存在健康不平等现象⑩⑪。由于生理和行为因素，不同人群间健康状况存在差异在一定范围内是可以接受的，但

---

① Black D，Jerry M，Cyril S，Peter T，1980. Inequalities in health：Report of a research working group [M]. London：Department of Health and Social Security.

② Braveman P，2002. Social inequalities in health within countries：Not only an issue for affluent nations [J]. Social Science and Medicine，54（11）：1621-1635.

③ 胡琳琳，2005. 我国与收入相关的健康不平等实证研究 [J]. 卫生经济研究（12）：13-16.

④ 解垩，2009. 与收入相关的健康及医疗服务利用不平等研究 [J]. 经济研究，44（2）：92-105.

⑤ 王洪亮，邹凯，孙文华，2017. 中国居民健康不平等的实证分析 [J]. 西北人口，38（1）：85-91.

⑥ 杜本峰，王旋，2013. 老年人健康不平等的演化、区域差异与影响因素分析 [J]. 人口研究，37（5）：81-90.

⑦ 顾和军，刘云平，2011. 与收入相关的老人健康不平等及其分解：基于中国城镇和农村的经验研究 [J]. 南方人口，26（4）：1-9.

⑧ 阮航清，陈功，2017. 中国老年人与收入相关的健康不平等及其分解：以北京市为例 [J]. 人口与经济（5）：84-94.

⑨ 陈东，张郁杨，2015. 与收入相关的健康不平等的动态变化与分解：以我国中老年群体为例 [J]. 金融研究（12）：1-16.

⑩ 顾和军，刘云平，2012. 中国农村儿童健康不平等及其影响因素研究：基于 CHNS 数据的经验研究 [J]. 南方人口，27（1）：25-33.

⑪ 郑莉，曾旭晖，2016. 社会分层与健康不平等的性别差异：基于生命历程的纵向分析 [J]. 社会，36（6）：209-237.

是，健康不平等的扩大不仅不利于个人的成长和发展，而且会对经济可持续性发展与社会和谐稳定产生负面影响，最终损害整体社会福利。世界卫生组织一贯主张，逐步缩小国家内部不同群体之间的健康差异，使全体社会成员拥有良好的健康水平是各国政府的主要社会目标之一。不断缩小健康不平等、持续促进国民健康公平是受到世界各国高度关注的重要议题。

进入 21 世纪，我国先后建立起新型农村合作医疗和城镇居民基本医疗保险，旨在为职工基本医疗保险参保人员以外的广大城乡居民提供基本医疗保障，切实保障公民的健康权利。2016 年，国务院出台《关于整合城乡居民基本医疗保险制度的意见》（国发〔2016〕3 号），要求对城镇居民基本医疗保险和新型农村合作医疗予以整合，形成统一的城乡居民基本医疗保险。2019 年，国家医疗保障局、财政部印发《关于做好 2019 年城乡居民基本医疗保障工作的通知》（医保发〔2019〕30 号），要求在还没有完全整合统一城镇居民基本医疗保险和新型农村合作医疗的地区，建立统一的城乡居民基本医疗保险制度，该工作应于 2019 年年底前完成。截至 2018 年年底，城乡居民基本医疗保险和新型农村合作医疗分别覆盖 89 741 万人和 13 038 万人；全年城乡居民基本医疗保险基金收入 6 973.94 亿元，支出 6 284.51 亿元，年末累计结存 4 332.94 亿元；全年新型农村合作医疗保险基金收入 856.89 亿元，支出 818.22 亿元，年末累计结存 295.42 亿元[①]。经过多年发展，城乡居民基本医疗保险在覆盖面和保障水平方面均取得了巨大进步，对保障城乡居民健康发挥着越来越重要的作用。

党的十八大以来，为实现国家的长远发展与民族的伟大复兴，以习近平同志为核心的党中央高瞻远瞩，吹响了建设健康中国的时代号角。"健康中国"在《中共中央关于制定"十三五"规划的建议》中被首次提出，在《国民经济和社会发展第十三个五年规划纲要》中进一步得到阐述，党的十九大报告再次强调要实施"健康中国"战略，以提高保障和改善民生水平。为提高全民健康素质、实现人民健康与经济社会协调发展，助力全面建成小康社会、基本实现社会主义现代化，2016 年 10 月 25 日，中共中央和国务院

① 国家医保局，2019. 2018 年医疗保障事业发展统计快报［EB/OL］.［2023-12-22］. Http：//www. nhsa. gov. cn/art/2019/2/28/art_7_942. html.

共同印发了《"健康中国2030"规划纲要》，从国家战略层面统筹解决与人民健康相关的问题。公平公正是"健康中国"战略的四大原则之一，强调通过促进基本医疗卫生服务均等化，确保基本医疗卫生服务的公益属性，不断缩小城乡、地区、人群间基本医疗卫生服务与健康水平的差异，以实现全民健康的目标。其中，整合城乡居民基本医疗保险制度是实现"健康中国"战略目标的重要途径之一，是解决健康领域"人民对美好生活的向往与不平衡不充分的发展之间的矛盾"的关键。

（2）研究问题

习近平总书记指出：没有全民健康，就没有全面小康，要把人民健康放在优先发展的战略地位。不断提升人民健康水平、缩小健康不平等成为全社会共同关注的热点问题之一。"健康中国"就是在此背景下推出的国家战略。21世纪以来，我国先后建立起新型农村合作医疗和城镇居民基本医疗保险，为保障城乡居民健康发挥了重要作用。2016年以来，新型农村合作医疗和城镇居民基本医疗保险开始整合，于2019年年底建立起统一的城乡居民基本医疗保险。在理论层面，这一举措将使城乡居民公平享受统一的基本医疗保险权利，有助于逐步缩小城乡居民在基本医疗服务利用和健康水平方面的差异。然而，在"健康中国"背景下，城乡居民基本医疗保险能否有效提高居民健康水平并缩小健康不平等的程度，仍需用科学的数据和方法进行检验。

本书通过分析城乡居民基本医疗保险对居民健康的影响，对居民健康不平等进行度量及分解，探讨城乡居民基本医疗保险影响居民健康不平等的机制，全面把握城乡居民基本医疗保险对居民健康不平等的影响。在此基础上，有针对性地提出改善居民健康不平等的措施，为城乡居民基本医疗保险优化发展和"健康中国"战略目标的实现提供政策建议。本项研究重点关注以下三个方面的问题：

第一，从理论上看，城乡居民基本医疗保险有助于改善居民健康状况，进而缩小居民健康不平等。在现实中，城乡居民基本医疗保险对居民健康和健康不平等会产生何种影响，需要运用科学的方法和数据进行考证。

第二，从现实看，居民健康状况受多种因素影响，如果城乡居民基本医疗保险改善了居民的健康状况，那么，其对健康的改善效果在不同户籍、不同性别以及不同年龄的居民中存在哪些差异？居民健康不平等的现实状况如何？哪些因素导致了健康不平等，各自的贡献是多少？特别是城乡居民基本医疗保险对健康不平等的贡献如何？居民健康不平等状况和城乡居民基本医疗保险的贡献随时间推移发生了哪些变化？对这些因素的影响程度，需要通过数据分析予以确定。

第三，从理论上看，城乡居民公平享有统一的基本医疗保险权利可能会提高居民医疗服务利用水平，进而改善居民健康状况并缩小健康不平等的程度。那么，医疗服务利用水平是城乡居民基本医疗保险影响健康不平等的机制吗？此外，医疗服务可及性也是与居民健康密切相关的因素，城乡居民基本医疗保险是否会通过影响医疗服务可及性进而影响健康不平等？因此，本项研究从医疗服务可及性和医疗服务利用水平两方面探讨城乡居民基本医疗保险影响健康不平等的机制。

1.1.2 研究意义

（1）理论意义

人的健康在早期属于医学研究范畴，随着人们对健康的认识在广度和深度上的提升，越来越多的学者从社会科学视角研究健康及相关问题，主要关注社会经济因素对健康及健康不平等的影响。进入 21 世纪，我国先后建立起新型农村合作医疗和城镇居民基本医疗保险，并在 2019 年年底将两者整合为城乡居民基本医疗保险，这为研究社会经济因素对居民健康和健康不平等的影响提供了很好的样本。本书使用国际主流健康经济学关于健康不平等的研究理论和方法，对居民健康不平等进行测算并探讨城乡居民基本医疗保险对健康不平等的影响，提供来自中国的经验证据，以期丰富和完善关于中国居民健康不平等的研究，为相关领域未来进一步的研究奠定基础。利用科学的方法和数据系统研究城乡居民基本医疗保险对居民健康不平等的影响，可以为优化城乡居民基本医疗保险制度、改善居民健康不平等、实现"健康中国"战略目标提供理论依据。

（2）现实意义

习近平总书记在党的十九大报告中指出，"我国社会主要矛盾已经转化为人民日益增长的美好生活需要和不平衡不充分的发展之间的矛盾"。其中，居民健康不平等就是我国社会主要矛盾在健康领域的体现。为提高全民健康素质，"健康中国"已被上升为国家战略。本项研究旨在反映中国居民健康不平等的真实情况，探讨影响健康不平等的相关因素，揭示城乡居民基本医疗保险对健康不平等的影响与机制，从而为相关部门出台举措完善城乡居民基本医疗保险制度、促进居民健康平等、实现"健康中国"战略目标提供参考和借鉴。同时，改善居民健康不平等状况有利于提升全民健康素质、促进个人发展，进而继续发挥"人口红利"对经济增长和社会进步的拉动作用。

1.2　文献综述

1.2.1　健康及其相关研究

（1）健康的定义

健康和每个人息息相关，是人类发展的永恒主题。关于健康的定义林林总总，其中，受到普遍认可的定义是世界卫生组织对健康的解释：健康不仅是没有疾病或体质强健，它更是生理、心理及社会交往的完美状态。世界卫生组织在1989年对健康的定义做了进一步阐释，即一个人在躯体、心理、社会适应和道德四方面都符合一定标准才可以被认为是"健康"。阿马蒂亚·森在2002年提出了研究健康的经济学理论框架，首次从经济学视角对健康进行定义，他认为健康是人类的一种极其重要且基本的"可行能力"，具有创造财富、价值和享受福利的无限可能，健康还是"一种非常基本的自由"，是人类永恒追求的主要目标之一①。由此可见，人们对健康的认识和定义是一个动态发展的过程，逐步从生物医学范畴扩展到心理和社会科学范畴。

（2）健康的度量

开展与健康相关的研究和制定健康公共政策时，需要对健康的定义进行

---

① 阿马蒂亚·森，2002. 以自由看待发展［M］. 任赜，于真，译. 北京：中国人民大学出版社.

量化，即健康的度量。目前，学术界对健康的度量尚未形成一致的办法，学者们根据研究需要和研究数据的可及性，选择不同的健康度量指标。

Sen（1998）指出，死亡率数据非常丰富且更新较快，因而可以很好地反映人口健康和疾病状况[①]。Reidpath 和 Allotey（2003）研究指出，婴儿死亡率是反映全体人口健康的重要指标，对于资源有限的国家，需要采取简练且易于计算的人口健康衡量方法，婴儿死亡率是一个合适的选择[②]。胡宏伟等（2016）以省份死亡率作为国民健康的代理变量研究卫生资源投入对国民健康的影响[③]。韦艳等（2019）以人口死亡率衡量居民健康水平，研究陕西省人口健康空间格局和影响因素[④]。Meng 等（2019）以孕产妇死亡率和婴儿死亡率为指标衡量中国在健康方面取得的成就[⑤]。1990 年，联合国开发计划署将根据全样本生命周期表推算出的预期寿命纳入人类发展指数的计算，预期寿命成为常用的健康度量指标。程明梅等（2015）综合使用人均预期寿命、新生儿死亡率和孕妇死亡率衡量居民健康状况，探讨城镇化对中国居民健康状况的影响[⑥]。孙猛等（2017）[⑦]、董阳（2018）[⑧] 分别使用人群总死亡率和人口平均预期寿命衡量居民健康水平，研究空气污染与居民健康的关系。

部分学者使用患病率度量健康。宋月萍等（2009）、陈璐等（2016）分

① Sen A，1998. Mortality as an indicator of economic success and failure ［J］. Economic Journal, 108 （446）：1-25.

② Reidpath D D, Allotey P, 2003. Infant mortality rate as an indicator of population health ［J］. Journal of Epidemiology and Community Health, 57：344-346.

③ 胡宏伟，王静茹，袁水苹，等，2016. 卫生资源与国民健康：卫生资源投入增加会恶化国民健康吗 ［J］. 社会保障研究（1）：61-71.

④ 韦艳，郑晨琪，陈瑞斌，2019. 陕西省人口健康空间格局及影响因素研究：基于 107 个县的空间计量分析 ［J］. 统计与信息论坛，34（6）：121-128.

⑤ Meng Q, Mills A, Wang L, et al., 2019. What can we learn from China's health system reform? ［J］. BMJ, 365：l2349.

⑥ 程明梅，杨朦子，2015. 城镇化对中国居民健康状况的影响：基于省级面板数据的实证分析 ［J］. 中国人口·资源与环境，25（7）：89-96.

⑦ 孙猛，李晓巍，2017. 空气污染与公共健康：基于省际面板数据的实证研究 ［J］. 人口学刊，39（5）：5-13.

⑧ 董阳，2018. 中国空气质量对公众健康的影响：基于与 G20 国家整体的比较 ［J］. 人口与经济（2）：57-68.

别以两周患病率和过去四周患病率衡量健康状况，研究中国农村留守儿童的健康状况、家庭老年人照料对女性照料者健康的影响①②。李琴等（2014）使用高血压症作为健康测度变量，探讨健康对中国中老年人劳动力供给的影响③。珠海市人口老龄化现况调查及对策研究课题组等（2016）以自报患病率为健康度量标准，调查并分析中国南北方老年人的健康状况④。

随着医疗技术不断进步和生活水平的普遍提高，死亡率已大幅降低，对健康的反映逐渐不再灵敏。疾病谱处于不断变化中，患病率无法有效地反映真实的健康状况。此外，根据健康的定义，仅关注生命的长度是片面的，生命的质量同样需要给予重视且更为重要。在此背景下，研究者们提出新的健康度量指标来弥补原有指标的缺陷。Herbert 于 1968 年提出质量调整生命年，在度量健康时将生命质量考虑在内。与生命质量相关的健康度量指标还有伤残调整生命年和健康预期寿命。宋月萍等（2016）在研究生育行为对老年女性健康的影响时，就使用了慢性病患病和健康预期寿命两个指标，它们从静态和动态两方面衡量老年女性的健康水平。

随着健康研究的深入，越来越多的学者关注健康的主观维度并使用自评健康来反映健康状况。自评健康是受访者对自身健康状况进行的评价，包含生理、认知和外界环境等信息⑤。与死亡率、预期寿命和患病率等单一健康衡量指标相比，虽然自评健康存在一定的局限性，如主观性和测量误差，但自评健康能够更全面地反映个人健康状况。此外，齐亚强（2014）指出，自评健康能够有效地反映被访者自我感知的各种健康状态和既有的关于自身健康的知识，但不能很好地反映个体无法感知的机体变化等健康问题⑥。但

① 宋月萍，张耀光，2009. 农村留守儿童的健康以及卫生服务利用状况的影响因素分析 [J]. 人口研究，33（6）：57-66.
② 陈璐，范红丽，2016. 家庭老年照料对女性照料者健康的影响研究 [J]. 人口学刊，38（4）：48-59.
③ 李琴，雷晓燕，赵耀辉，2014. 健康对中国中老年人劳动供给的影响 [J]. 经济学（季刊），13（3）：917-938.
④ "珠海市人口老龄化现况调查及对策研究"课题组，"中国老龄人口健康问题与对策研究"课题组，李鸿雁，刘娅，王胜今，2016. 中国南北方老年人健康状况调查与分析：以广东省珠海市和吉林省长春、四平两市为例 [J]. 人口学刊，38（1）：77-87.
⑤ 宋月萍，宋正亮，2016. 生育行为对老年女性健康的影响 [J]. 人口研究，40（4）：76-87.
⑥ 齐亚强，2014. 自评一般健康的信度和效度分析 [J]. 社会，34（6）：196-215.

是，Ferraro（1980）对比了自评健康结果与专业机构评估的客观健康结果，发现两者之间并不存在较大的差异①。诸多研究也证实了自评健康能够有效地预测死亡率及功能丧失、因病缺勤等客观健康指标（Mossey and Shapiro，1982②；Idler and Angel，1990③；Idler and Kasl，1995④；Heidrich et al.，2002⑤）。在综合考虑研究成本、研究技术和研究手段的情况下，以自评健康为指标度量健康兼具代表性与可行性⑥。在研究一般人群的健康状况时，通常选用自评健康作为度量指标⑦。胡宏伟等（2012）、王新军等（2014）均选用自评健康衡量被调查者的健康状况，分别探讨城镇居民医疗保险对居民健康所产生的影响与机制、医疗保险对老年人健康所产生的影响⑧。李建新等（2014）、熊艾伦等（2016）和任国强等（2017）均以自评健康作为健康度量指标，分别探讨社会经济地位、社会资本以及个体收入剥夺对居民健康的影响⑨⑩⑪。此外，齐良书等（2011）选取自评健康作为健康指标，研究

① Ferraro K F, 1980. Self-ratings of health among the old and the old-old [J]. Journal of Health and Social Behavior, 21 (4): 377-383.

② Mossey J M, Shapiro E, 1982. Self-rated health: A predictor of mortality among the elderly [J]. American Journal of Public Health, 72 (8): 800-808.

③ Idler E L, Angel R J, 1990. Self-rated health and mortality in the NHANES-I epidemiologic follow-up-study [J]. American Journal of Public Health, 80 (4): 446-452.

④ Idler E L, Kasl S V, 1995. Self-ratings of health: Do they also predict change in functional ability? [J]. The Journals of Gerontology Series B: Psychological Sciences and Social Sciences, 50 (6): S344-S353.

⑤ Heidrich J, Liese A D, Löwel H, et al., 2002. Self-rated health and its relation to all-cause and cardiovascular mortality in Southern Germany. Results from the MONICA Augsburg cohort study 1984 – 1995 [J]. Annals of Epidemiology, 12 (5): 338-345.

⑥ 李胜会，宗洁，2018. 经济发展、社会保障财政支出与居民健康：兼对逆向选择行为的检验 [J]. 宏观经济研究（11）：26-43.

⑦ 潘杰，秦雪征，2014. 医疗保险促进健康吗？：相关因果研究评述 [J]. 世界经济文汇（6）：60-70.

⑧ 胡宏伟，刘国恩，2012. 城镇居民医疗保险对国民健康的影响效应与机制 [J]. 南方经济（10）：186-199.

⑨ 李建新，夏翠翠，2014. 社会经济地位对健康的影响："收敛"还是"发散"：基于CFPS 2012年调查数据 [J]. 人口与经济（5）：42-50.

⑩ 熊艾伦，黄毅祥，蒲勇健，2016. 社会资本对个人健康影响的差异性研究 [J]. 经济科学（5）：71-82.

⑪ 任国强，黄云，周云波，2017. 个体收入剥夺如何影响城镇居民的健康？：基于CFPS城镇面板数据的实证研究 [J]. 经济科学（4）：77-93.

中国居民与收入相关的健康和医疗服务利用流动性①。周广肃等（2014）认为，自评健康是综合性的健康指标，且广泛应用于研究中，他选取自评健康作为衡量健康水平的主要指标，探讨收入差距、社会资本及其交互作用对中国居民健康水平的影响②。连玉君等（2015）运用中国营养与健康调查数据库中提供的"父母自评的身体健康情况"作为健康测量指标，研究子女外出务工对父母健康的影响③。李胜会等（2018）利用2013年中国综合社会调查数据中包含居民自评健康的样本，研究经济发展和社会保障财政支出对居民健康的影响④。

（3）健康的影响因素

Grossman（1972）提出的健康生产理论认为，健康不仅受年龄、生活方式、教育程度和收入等个人因素影响，还受所在社会环境的制约⑤。王曲等（2005）进一步将健康影响因素概括为遗传因素、经济因素、文化因素和社会因素⑥。

有关收入对健康影响的文献数量最为丰富，大多数研究倾向于认为收入与健康之间存在显著的正相关关系。因为收入的增加为人们摄入丰富的营养提供了经济条件，改善健康的活动得以分配到更多的资源，从而使健康水平得到提高（吴晓瑜、李力行，2014）⑦。尹庆双等（2011）利用中国健康与营养调查数据，研究农民收入与健康的关系。其研究发现，健康状况越好，个人收入越高，随着收入水平的提高，健康状况也得到显著改善，即两者之

① 齐良书，李子奈，2011. 与收入相关的健康和医疗服务利用流动性［J］. 经济研究，46（9）：83-95.

② 周广肃，樊纲，申广军，2014. 收入差距、社会资本与健康水平：基于中国家庭追踪调查（CFPS）的实证分析［J］. 管理世界（7）：12-21，51，187.

③ 连玉君，黎文素，黄必红，2015. 子女外出务工对父母健康和生活满意度影响研究［J］. 经济学（季刊），14（1）：185-202.

④ 李胜会，宗洁，2018. 经济发展、社会保障财政支出与居民健康：兼对逆向选择行为的检验［J］. 宏观经济研究（11）：26-43.

⑤ Grossman M，1972. On the concept of health capital and the demand for health ［J］. Journal of Political Economy，80（2）：223-255.

⑥ 王曲，刘民权，2005. 健康的价值及若干决定因素：文献综述［J］. 经济学（4）：1-52.

⑦ 吴晓瑜，李力行，2014. 城镇化如何影响了居民的健康？［J］. 南开经济研究（6）：58-73.

间存在循环关系①。养老金是老年人的主要收入来源，李实等（2011）基于中国收入分配课题组 2002 年和 2007 年城镇住户调查数据，分析养老金对中国老年人健康的影响，发现随着养老金收入水平的提高，老年人自评健康状况越来越好②。一些学者还关注了收入不平等对健康的影响。Rodgers（1979）研究指出，与收入分配不平等程度较低的国家（如北欧国家）相比，收入分配较不平等的国家（如美国、英国）人口健康状况较差③。Subramanian 和 Kawachi（2004）进一步指出，收入不平等对健康造成的"污染效应"在收入差距较大的国家被观测到的概率更高④。周彬等（2012）利用 2005 年中国综合社会调查数据与县级社会统计资料，将个体收入对健康产生的凹陷效应予以控制，发现县级收入不平等程度与个体自评健康之间依然存在显著的负相关关系，并指出社会心理部分解释了收入不平等影响健康的机制⑤。周广肃等（2014）使用中国家庭追踪调查 2010 年和 2012 年的数据进行研究，指出收入差距扩大通过减少医疗资源配置对健康产生负向影响⑥。任国强等（2017）基于 2010 年、2012 年和 2014 年中国家庭追踪调查面板数据，发现个体收入剥夺会导致城镇居民较差的自评健康和心理健康，并提出通过提高低收入群体收入、完善社会心理疏导机制和医疗救助体制改善城镇居民健康⑦。

教育也是影响健康的因素之一。Grossman（1975）利用中年男性样本，在控制了样本个体高中阶段的健康状况、父母教育水平、20 岁时身体和精

① 尹庆双，王薇，王鹏，2011. 我国农村居民的收入与健康状况循环效应分析：基于 CHNS 数据的实证分析 [J]. 经济学家（11）：43-51.

② 李实，杨穗，2011. 养老金收入与收入不平等对老年人健康的影响 [J]. 中国人口科学（3）：26-33，111.

③ Rodgers G B, 1979. Income and inequality as determinants of mortality: An international cross-section analysis [J]. Population Studies, 33 (2): 343-351.

④ Subramanian S V, Kawachi I, 2004. Income inequality and health: What have we learned so far? [J]. Epidemiologic Reviews, 26 (1): 78-91.

⑤ 周彬，齐亚强，2012. 收入不平等与个体健康：基于 2005 年中国综合社会调查的实证分析 [J]. 社会，32 (5): 130-150.

⑥ 周广肃，樊纲，申广军，2014. 收入差距、社会资本与健康水平：基于中国家庭追踪调查（CFPS）的实证分析 [J]. 管理世界（7）：12-21，51，187.

⑦ 任国强，黄云，周云波，2017. 个体收入剥夺如何影响城镇居民的健康？：基于 CFPS 城镇面板数据的实证研究 [J]. 经济科学（4）：77-93.

神测试成绩、当前工资、财产性收入及工作满意度等变量后发现，教育对自评健康存在显著正向影响①。Grossman 和 Kaestner（1997）、Grossman（2000）进一步研究指出，采用死亡率、残障率、身体功能等客观健康指标或自评健康、认知功能等主观健康指标的结果表明，教育均对健康产生了正向影响②③。Mustard 等（1997）、Kunst 和 Mackenbach（1994）、Hartog 和 Oosterbeek（1998）、Gerdtham 和 Johannesson（1999）、Meara 等（2008）以及胡安宁（2014）分别基于加拿大、北欧、荷兰、瑞典、美国和中国的数据开展相关研究，均发现教育对健康具有正向回报④⑤⑥⑦⑧⑨。程令国等（2014）使用中国老年人数据研究发现，教育显著提高了中国老年人的健康水平和存活率，并进一步指出教育提高健康投入效率比教育放松预算约束所发挥的作用更大⑩。然而，相关研究表明，教育水平并非总是与健康保持正相关关系。王甫勤（2011）的研究指出，教育程度高的人通常承担更大的工作压力，这会对他们的健康产生不良影响⑪。赵红军等（2016）使用中国

① Grossman M，1975. The correlation between health and schooling ［A］. Terleckyj N E. Household production and consumption ［C］. New York：Columbia University Press for the National Bureau of Economic Research：147-224.

② Grossman M，Kaestner R，1997. Effects of education on health-The social benefits of education ［M］. Ann Arbo：University of Michigan Press.

③ Grossman M，2000. The human capital model in handbook of health economics ［M］. Amsterdam：Elsevier，347-408.

④ Mustard C A，Derksen S，Berthelot J M，et al.，1997. Age-specific education and income gradients in morbidity and mortality in a Canadian province ［J］. Social Science and Medicine，45（3）：383-397.

⑤ Kunst A E，Mackenbach J P，1994. The size of mortality differences associated with educational level in nine industrialized countries ［J］. American Journal of Public Health，84（6）：932-937.

⑥ Hartog J，Oosterbeek H，1998. Health，wealth and happiness：Why pursue a higher education？［J］. Economics of Education Review，17（3）：245-256.

⑦ Gerdtham U，Johannesson M，1999. New estimates of the demand for health：Results based on a categorical health measure and Swedish micro data ［J］. Social Science and Medicine，49（10）：1325-1332.

⑧ Meara E R，Richards S，Cluster D M，2008. The gap gets bigger：Changes in mortality and life expectancy，by education 1981 - 2000 ［J］. Health Affairs，27（2）：350-360.

⑨ 胡安宁，2014. 教育能否让我们更健康：基于2010年中国综合社会调查的城乡比较分析 ［J］. 中国社会科学（5）：116-130，206.

⑩ 程令国，张晔，沈可，2014. 教育如何影响了人们的健康？：来自中国老年人的证据 ［J］. 经济学，14（1）：305-330.

⑪ 王甫勤，2011. 社会流动有助于降低健康不平等吗？［J］. 社会学研究，25（2）：78-101，244.

家庭追踪调查 2010 年数据进一步探讨教育水平对健康的影响，发现初等教育（高中及以下）有助于改善居民健康，而高等教育（专科及以上）却会损害健康，原因在于初等教育通过提高收入和改善沟通对健康产生了正向影响，高等教育形成的作息时间不规律和频繁使用电子产品等不良生活习惯则有损健康[①]。

职业与健康也存在紧密的联系。研究表明，职业地位较低者通常要承受高强度与超时劳动、较恶劣的工作环境和工作紧张等，这会导致健康存量的损失并增加患病的风险；此外，职业地位较低者的收入较低、晋升和职业发展机会较少、社会地位较低和缺乏自我实现感，这会对他们的身心健康造成消极影响[②]。梁童心等（2019）基于 2012 年中国劳动力动态调查数据探讨职业对健康的影响，发现在职业地位提高时，自评健康为"好"的概率显著提高，工伤发生概率显著下降，而职业病的发生在不同职业群体中不存在明显的梯度现象，并进一步指出职业对健康产生影响的渠道是职业为劳动力带来的危害、工作负荷强度较高以及劳动力从工作中所获得的主观回报[③]。张永辉等（2018）基于陕西农户调查数据研究指出，中老年农业生产者比中老年非农生产者健康状况差，建议关注农业生产者的身体健康，积极应对职业分化对农村人口健康管理的挑战[④]。

社会资本对健康产生的影响也被多数研究所证实。Kawachi 和 Kennedy（1997）基于美国各州社会资本与死亡率相关数据研究指出，社会资本水平与居民死亡率之间存在负相关关系[⑤]。Milyo 和 Mellor（2004）基于美国人口

① 赵红军，胡玉梅，2016. 教育程度一定会提高健康水平吗？：基于中国家庭追踪调查（CFPS）的实证分析 [J]. 世界经济文汇 (6)：90-106.

② Siegrist J, Wahrendorf M, 2016. Work stress and health in a globalized economy：The model of effort-reward imbalance [M]. Switzerland：Springer.

③ 梁童心，齐亚强，叶华，2019. 职业是如何影响健康的？：基于 2012 年中国劳动力动态调查的实证研究 [J]. 社会学研究，34 (4)：193-217，246.

④ 张永辉，何雪雯，朱文璠，等，2018. 职业类型和社会资本对农村中老年健康的影响 [J]. 西北农林科技大学学报（社会科学版），18 (3)：151-160.

⑤ Kawachi I, Kennedy B P, 1997. The relationship of income inequality to mortality：Does the choice of indicator matter? [J]. Social Science and Medicine, 45 (7)：1121-1127.

数据研究指出社会不信任与死亡率密切相关①。Rose（2000）使用俄罗斯调查数据研究指出居民个人的社会资本占有量对其健康状况产生了显著的积极影响②，基于芬兰和瑞典数据进行的相关研究也佐证了这一结论③④⑤。基于中国数据的社会资本与健康关系的研究也在日益丰富。一项基于 2008 年中国健康与养老追踪调查数据的研究表明，个人社会资本与自评健康之间存在正相关关系，具体来看，在个人社会资本指数提高 10% 的情况下，自评健康状况很好的概率随之提高了 2.1%⑥。薛新东（2015）使用 2012 年中国家庭追踪调查数据，进一步考察了不同类型社会资本对中老年人健康的影响，发现社会信任显著正向影响中老年人的健康，而组织参与对健康的影响并不显著⑦。潘泽泉（2019）基于 2008 年中国综合社会调查数据研究发现，网络规模与熟人单位类型是决定健康状况的关键因素⑧。从总体来看，使用中国数据的研究均得到了这一结论，即社会资本对健康的影响存在明显的群体和城乡差异。

各国推行医疗保险的目的均在于提高全民健康水平，然而，医疗保险与健康的关系尚存在争议。多数研究⑨⑩⑪认为，医疗保险有助于改善参保者的健康及降低死亡率。一项基于 4 年面板数据的研究探讨了 51~61 岁美国男性

① Milyo J, Mellor J M, 2004. On the importance of age-adjustment methods in ecological studies of social determinants of mortality [J]. Health Services Research, 38（6 Pt 2）：1781-1790.

② Rose R, 2000. A survey study of Russians [J]. Social Science and Medicine, 51（9）：1421-1435.

③ Bolin K, Lindgren B, Lindström M, et al., 2003. Investments in social capital-Implications of social interactions for the production of health [J]. Social Science and Medicine, 56（12）：2379-2390.

④ Hyyppa M, Maki J, 2001. Individual-level relationships between social capital and self-rated health in a bilingual community [J]. Preventive Medicine, 32（2）：148-155.

⑤ Lindström M, Moghaddassi M, Merlo J, 2004. Individual self-reported health, social participation and neighbourhood：A multilevel analysis in Malmö, Sweden [J]. Preventive Medicine, 39（1）：135-141.

⑥ 薛新东，刘国恩，2012. 社会资本决定健康状况吗：来自中国健康与养老追踪调查的证据 [J]. 财贸经济（8）：113-121.

⑦ 薛新东，2015. 社会资本与国民健康政策 [J]. 财政研究（11）：46-51.

⑧ 潘泽泉，2019. 社会资本影响个人健康水平吗?：基于 CGSS 2008 的中国经验证据 [J]. 浙江社会科学（1）：66-78，157-158.

⑨ Brown M E, Bindman A B, Lurie N, 1998. Monitoring the consequences of uninsurance：A review of methodologies [J]. Medical Care Research and Review, 55（2）：177-210.

⑩ IOM, 2002. Care without coverage：Too little, too late [M]. Washington DC：National Academy Press.

⑪ Hadley J, 2003. Sicker and poorer-The consequences of being uninsured：A review of the research on the relationship between health insurance, medical care use, health, work, and income [J]. Medical Care Research and Review, 60：3-75.

医疗保险参加情况与健康水平的关系，研究结果显示，参加医疗保险对个人4 年后的健康水平产生了显著的积极影响[①]。Card 等（2009）对其他因素进行控制后研究指出，在美国，由于老年人医疗保险的推行，65 岁急诊入院患者 7 天内死亡数减少了 20%[②]。Finkelstein 等（2012）研究了美国俄勒冈州低收入家庭免费医疗保险对参保人健康的影响，得到的结论是免费医疗保险计划显著改善了参保人自评健康状况[③]。使用中国数据的研究也发现医疗保险能够改善参保人的健康状况，并且这一作用在社会经济状态较差或健康状况较差的人群中更为明显[④][⑤]。一些研究也表明医疗保险和健康的关系并不总是显著的。Ross 和 Mirowsky（2000）对个人的年龄、性别、教育、经济状态及初始健康状态进行控制，发现是否参加医疗保险与个人自评健康、身体功能性指标及慢性病患病状态之间均不存在显著相关关系[⑥]。Lei 和 Lin（2009）、Chen 和 Jin（2012）的研究均显示，新农合并没有显著提高参保农民的健康水平[⑦][⑧]。胡宏伟等（2012）研究指出，城镇居民医疗保险改善居民健康的作用并不显著，但对改善低健康群体的健康发挥了显著的作用[⑨]。于大川等（2016）研究指出，社会医疗保险显著改善了老年人的认知功能，

①　Baker D W, Sudano J J, Albert J M, et al. , 2001. Lack of health insurance and decline in overall health in late middle age [J]. New England Journal of Medicine, 345: 1106-1112.

②　Card D, Dobkin C, Maestas N, 2009. Does medicare save lives? [J]. The Quarterly Journal of Economics, 124 (2): 597-636.

③　Finkelstein A et al. , 2012. The Oregon health insurance experiment: Evidence from the first year [J]. The Quarterly Journal of Economics, 127 (3): 1057-1106.

④　潘杰，雷晓燕，刘国恩，2013. 医疗保险促进健康吗?: 基于中国城镇居民基本医疗保险的实证分析 [J]. 经济研究, 48 (4): 130-142, 156.

⑤　倪秀艳，赵建梅，2014. 教育投入与健康不平等: 来自中国健康与营养调查数据的证据 [J]. 农业技术经济 (3): 65-74.

⑥　Ross C E, Mirowsky J, 2000. Does medical insurance contribute to socioeconomic differentials in health? [J]. The Milbank Quarterly, 78: 291-321.

⑦　Lei X, Lin W, 2009. The new cooperative medical scheme in rural China: Does more coverage mean more service and better health? [J] Health Economics, 18: S25-S46.

⑧　Chen Y, Jin G, 2012. Does health insurance coverage lead to better health and educational outcomes? Evidence from rural China [J]. Journal of Health Economics, 31: 1-14.

⑨　胡宏伟，刘国恩，2012. 城镇居民医疗保险对国民健康的影响效应与机制 [J]. 南方经济 (10): 186-199.

但对老年人日常活动能力和自评健康没有明显的改善作用①。

1.2.2 健康不平等及其相关研究

（1）健康不平等的定义与度量

1977 年英国卫生与社会保障部成立"健康不平等"研究委员会，旨在考察英国不同社会阶级间健康状况的差异及原因，为制定相关健康政策提供理论支持。Black 等（1980）研究指出，英国不同社会经济地位人群的死亡率和发病率存在明显差异，较高社会地位人群的健康状况明显好于社会底层人群②。自此，健康不平等逐步成为社会科学研究的热点议题（Elo，2009）③。健康不平等是一种与健康相关的特定的不平等现象。Whitehead（1991）认为健康不平等是指健康状况的差异，既包括不必要的、不可避免的差异，也包括可避免的、不公正的差异④。其中前一个不平等是可接受的，后一个不平等是不可接受的。Wagstaff（2002）指出⑤，健康不平等包括纯粹的健康不平等和社会经济健康不平等。纯粹的健康不平等是指在一定时间内某个国家或地区人群的健康分布存在差异，不考虑社会经济状况对目标人群健康的影响。社会经济健康不平等则是一个国家或地区一定时期具有不同社会经济特征的人群健康分布存在差异，主要关注社会因素（如收入、受教育水平、职业等）对健康差异的影响。Braveman（2006）认为，健康不平等是指不同社会群体间健康水平存在系统性差异，这种差异使处于不利地位的社会群体面临更高的健康风险，健康状况也更差⑥。

---

① 于大川，丁建定，2016. 社会医疗保险对老年人健康的影响：基于倾向得分匹配方法的反事实评估［J］. 华中科技大学学报（社会科学版），30（2）：107-115.

② Black D，Jerry M，Cyril S，et al.，1980. Inequalities in health：Report of a research working group［M］. London：Department of Health and Social Security.

③ Elo I T，2009. Social class differentials in health and mortality：Patterns and explanations in comparative perspective［J］. Annual Review of Sociology，35：553-572.

④ Whitehead M，1991. The concepts and principles of equity and health［J］. Health Promotion International，6（3）：217 - 228.

⑤ Wagstaff A，2002. Inequalities in health in developing countries：Swimming against the tide? ［Z］. The World Bank Policy Research Working Paper，2795.

⑥ Braveman P，2006. Health disparities and health equity：Concepts and measurement［J］. Annual Review of Public Health，27：167-194.

对健康不平等的度量主要借鉴了收入不平等的度量方法。Le Grand（1987）首次将洛伦兹曲线和基尼系数用于健康不平等的测量[1]。与此同时，Wagstaff 等（1989）提出用集中指数测量健康不平等[2]。Wagstaff 等（1991）对基尼系数和集中指数测量健康不平等给予了评价，认为基尼系数只能度量健康在人群中的分布情况，即只能反映纯粹的健康不平等，而集中指数能够将健康分布与其他社会经济因素联系起来，对集中指数进行分解有助于掌握健康不平等的成因及其贡献[3]。除此之外，常见的健康不平等测量方法还包括极差法、差异指数法、不平等斜率指数及相对指数法。Wagstaff 等（1991）提出，健康不平等度量指标需要符合三项要求，即：可以揭示被研究人群健康不平等的总体状况，可以揭示与社会经济相关的健康不平等，能够对社会经济变量构成的变化保持敏感。集中指数法满足上述三项要求，是现有研究中较为常用的测量健康不平等的方法。

（2）健康不平等的影响因素

围绕健康不平等影响因素的研究可以分为两类：一类主要关注外界因素对健康不平等的影响，如各项福利政策；另一类主要关注人口特征（性别、年龄等）以及社会经济特征（收入、教育、职业等）对健康不平等的影响。

Bartley（2012）分析了英国 1931—1961 年不同社会阶级的死亡率和GDP 数据，发现税收、福利和经济政治政策均会影响健康不平等[4]。关于医疗保险与健康不平等的关系，现有研究尚未取得一致结论，一些研究者认为医疗保险加剧了健康不平等，另一些研究者则认为医疗保险有助于缩小健康不平等。顾和军等（2011）对中国城乡老年人健康不平等进行测度和分解后发现，医疗保险亲富人的程度更甚，强化了健康不平等，只有降低穷人获得医疗保险的经济门槛，增加医疗保健服务的可及性，才能发挥医疗保险缩

① Le Grand J, 1987. Inequalities in health：Some international comparisons ［J］. European Economic Review, 31 (1-2)：182-191.

② Wagstaff A, Van Doorslaer E, Paci P, 1989. Equity in the finance and delivery of health care：Some tentative cross-country comparisons ［J］. Oxford Review of Economic Policy, 5 (1)：89-112.

③ Wagstaff A, Paci P, Van Doorslaer E, 1991. On the measurement of inequalities in health ［J］. Social Science and Medicine, 33 (5)：545-557.

④ Bartley M, 2012. Explaining health inequality：Evidence from the UK ［J］. Social Science and Medicine, 74 (5)：658-660.

小健康不平等的作用①。李湘君等（2012）研究指出，新农合的实施对高收入参保农民的健康改善作用比较显著，但并未对中低收入参保农民的健康产生显著影响，这种影响的差异加剧了农村居民健康不平等②。周钦等（2016）研究发现，城镇居民基本医疗保险参保者中，最高收入20%群体的医保报销金额和医疗服务使用都显著高于最低收入20%群体，并且最低收入20%群体的健康状况更差，医疗保险的均等化补偿导致不同收入群体间健康不平等扩大③。顾和军等（2012）研究发现，在中国农村，医疗保险不平等程度的扩大加剧了儿童健康不平等④。彭晓博等（2017）针对新型农村合作医疗对农村未成年人健康不平等的影响进行研究，得到的结论是受新农合的影响，农村未成年人的整体健康状况得到了改善，与此同时新农合也导致不同收入家庭未成年人健康不平等有所扩大⑤。马哲等（2016）开展的相关研究则给出了不同的结论，指出医疗保险在一定程度上有助于缩小中国儿童健康不平等⑥。

Grossman（1972）提出，"当一个人开始衰老时，他的健康资本存量也会逐渐贬值"⑦。赵广川（2017）使用中国健康与营养调查数据研究证实了这一论断。他发现，在1991—2006年，年龄对中国居民健康不平等的贡献约为60%，表明中国居民健康不平等中有一半以上是年龄差距造成的⑧。性别对健康不平等有独特的影响。女性的健康问题在医学上可能是小问题，但

① 顾和军，刘云平，2011. 与收入相关的老人健康不平等及其分解：基于中国城镇和农村的经验研究 [J]. 南方人口，26（4）：1-9.

② 李湘君，王中华，林振平，2012. 新型农村合作医疗对农民就医行为及健康的影响：基于不同收入层次的分析 [J]. 世界经济文汇（3）：58-75.

③ 周钦，田森，潘杰，2016. 均等下的不公：城镇居民基本医疗保险受益公平性的理论与实证研究 [J]. 经济研究，51（6）：172-185.

④ 顾和军，刘云平，2012. 中国农村儿童健康不平等及其影响因素研究：基于 CHNS 数据的经验研究 [J]. 南方人口，27（1）：25-33.

⑤ 彭晓博，王天宇，2017. 社会医疗保险缓解了未成年人健康不平等吗 [J]. 中国工业经济（12）：59-77.

⑥ 马哲，赵忠，2016. 中国儿童健康不平等的演化和影响因素分析 [J]. 劳动经济研究（6）：22-41.

⑦ Grossman M，1972. On the concept of health capital and the demand for health [J]. Journal of Political Economy，80（2）：223-255.

⑧ 赵广川，2017. 国民健康不平等及其内在影响机制、演变过程 [J]. 世界经济文汇（5）：55-74.

对生活质量产生的负面影响不可小觑①。因此，与男性相比，女性的平均寿命更长，健康平均寿命偏短，女性高龄老年人身体机能失能时间也更长②③。与男性相比，女性受教育程度普遍偏低，很多女性在家庭中担任全职主妇，外出工作的女性与同等学历、同等职位的男性相比，收入普遍较低。女性较弱的社会经济地位使她们的健康资源可及性受到限制④。Rose 和 Hartmann（2004）对西方国家的研究发现，女性的社会地位仍然不如男性，虽然女性的受教育程度和劳动参与率均显著提高，但这是女性健康状况比男性差的关键成因⑤。郑莉等（2016）使用中国的数据证实了这一结论。她认为，由于女性从教育和收入中所获得的健康回报比男性低，女性在各个年龄阶段都处于健康劣势⑥。

收入是影响健康不平等的关键因素之一。Van Doorslaer 等（1997）测量了 9 个国家的健康不平等程度，发现各国健康不平等状况各有不同，但共同点是都存在亲富人的健康不平等⑦。Wagstaff 等（2003）分析了越南儿童营养调查数据，发现收入是影响儿童健康不平等的关键要素之一⑧。解垩（2009）基于中国健康与营养调查数据，研究了与收入相关的健康不平等。研究结果显示，亲富人的健康不平等同样存在于中国，城乡健康不平等程度

① Ross C E, Bird C E, 1994. Sex stratification and health lifestyle：Consequences for men's and women's perceived health ［J］. Journal of Health and Social Behavior, 35 （2）：161-178.

② Crimmins E M, Kim J K, Hagedorn A, 2002. Life with and without disease：Women experience more of both ［J］. Journal of Women and Aging, 14 （1-2）：47-59.

③ Mathers C D, Sadana R, Salomon J A, et al., 2001. Healthy life expectancy in 191 countries, 1999 ［J］. The Lancet, 357 （9269）：1685-1691.

④ Ross C E, Bird C E, 1994. Sex stratification and health lifestyle：Consequences for men's and women's perceived health ［J］. Journal of Health and Social Behavior, 35 （2）：161-178.

⑤ Rose S, Hartmann H, 2004. Still a man's labor market：The long-term earnings gap ［R］. Washington DC：Institute for Women's Policy Research.

⑥ 郑莉, 曾旭晖, 2016. 社会分层与健康不平等的性别差异：基于生命历程的纵向分析 ［J］. 社会, 36 （6）：209-237.

⑦ Van Doorslaer E, Wagstaff A, Bleichrodt H, et al., 1997. Income-related inequalities in health：Some international comparisons ［J］. Journal of Health Economics, 16 （1）：93-112.

⑧ Wagstaff A, Van Doorslaer E, Watanabe N, 2003. On decomposing the causes of health sector inequalities with an application to malnutrition inequalities in Vietnam ［J］. Journal of Econometrics, 112 （1）：207-223.

有所差异，且城市健康不平等程度相对较低[1]。顾和军等（2011）、阮航清等（2017）测量并分解了中国老年人健康不平等，发现亲富人的健康不平等存在于老年人群，高收入老年人群健康状况更好[2][3]。顾和军等（2012）对中国农村儿童健康不平等进行探讨，认为亲富人的健康不平等同样存在于农村儿童中，儿童所在家庭收入较高则健康状况更好，并发现收入不平等会扩大健康不平等[4]。黄潇（2012）进一步指出，在中国，亲富人的健康不平等累积效应日益深化，而导致健康不平等加剧的关键在于初始收入不平等[5]。王勇等（2014）指出，收入差异是影响健康不平等扩大的最大因素[6]。薛新东（2015）考察了中国老年人健康不平等的成因，发现最低与最高收入水平组老年人的健康不平等指数分别为最高与最低，进一步证实了收入不平等会导致健康不平等[7]。赵广川（2017）的研究发现在影响健康不平等的因素中，收入的贡献处于中等偏下水平[8]。

关于教育对健康不平等的影响目前依然存在争议。Bago D'Uva 等（2008）认为，人们经常低估了教育所产生的健康不平等效应，此外，在不同的国家，教育所产生的健康不平等效应被不同程度地低估[9]。一项基于泰国调查数据的研究得到了相同的结论，即教育导致健康不平等的扩大[10]。然

① 解垩，2009. 与收入相关的健康及医疗服务利用不平等研究 [J]. 经济研究，44（2）：92-105.

② 顾和军，刘云平，2011. 与收入相关的老人健康不平等及其分解：基于中国城镇和农村的经验研究 [J]. 南方人口，26（4）：1-9.

③ 阮航清，陈功，2017. 中国老年人与收入相关的健康不平等及其分解：以北京市为例 [J]. 人口与经济（5）：84-94.

④ 顾和军，刘云平，2012. 中国农村儿童健康不平等及其影响因素研究：基于 CHNS 数据的经验研究 [J]. 南方人口，27（1）：25-33.

⑤ 黄潇，2012. 与收入相关的健康不平等扩大了吗 [J]. 统计研究，29（6）：51-59.

⑥ 王勇，李建民，2014. 生命周期视角下与收入相关的健康不平等分析：基于组群分析的方法 [J]. 南方人口，29（6）：42-54，78.

⑦ 薛新东，2015. 中国老年人健康不平等的演变趋势及其成因 [J]. 人口与发展，21（2）：84-92.

⑧ 赵广川，2017. 国民健康不平等及其内在影响机制、演变过程 [J]. 世界经济文汇（5）：55-74.

⑨ Bago D'Uva T, O'Donnell O, Van Doorslaer E, 2008. Differential health reporting by education level and its impact on the measurement of health inequalities among older Europeans [J]. International Journal of Epidemiology, 37（6）：1375-1383.

⑩ Yiengprugsawan V, Lim L L, Carmichael G A, et al., 2010. Decomposing socioeconomic inequality for binary health outcomes: An improved estimation that does not vary by choice of reference group [J]. Bmc Research Notes, 3：57.

而，基于美国与芬兰数据的研究却发现，教育水平的提高可以显著降低健康不平等[1][2]。倪秀艳等（2014）使用中国健康与营养调查数据研究发现，教育对健康的边际影响的变化导致健康不平等的扩大，而教育分布的改变则有利于健康不平等的缩小[3]。由此可见，加大财政对农村教育的投资力度在提高农民素质的同时，将有助于改善农村健康不平等状况。薛新东（2015）研究指出，中国老年人的健康不平等随着教育程度的提高而缩小，在教育程度较低的老年人中，健康不平等尤为突出，应关注健康不平等所存在的教育程度差异，明确政策干预的重点人群[4]。

部分文献探讨了职业对健康不平等产生的影响。研究表明，职业地位较高者往往拥有更好的健康状况和更低的死亡率，且这种差异随时间呈扩大趋势[5][6]。梁童心等（2019）研究发现，不同职业群体在各项健康指标上存在显著差异，低职业地位群体自评健康状况更差，发生工伤的可能性更高[7]。张永辉等（2018）研究了中老年人的健康状况，发现与非农生产者相比，从事农业生产的中老年人健康状况较差[8]。赵广川（2017）的研究也证实了工作是影响健康不平等的重要因素[9]。王勇等（2014）阐述了工作状态以及

① Conti G, Heckman J, Urzua S, 2010. The education-health gradient [J]. American Economic Review, 100（2）：234-238.

② Koivusilta L K, Rimpelä A H, Kautiainen S M, 2006. Health inequality in adolescence. Does stratification occur by familial social background, family affluence, or personal social position? [J]. BMC Public Health, 6：110.

③ 倪秀艳，赵建梅，2014. 教育投入与健康不平等：来自中国健康与营养调查数据的证据 [J]. 农业技术经济（3）：65-74.

④ 薛新东，2015. 中国老年人健康不平等的演变趋势及其成因 [J]. 人口与发展，21（2）：84-92.

⑤ Adler N E, Ostrove J M, 1999. Socioeconomic status and health：What we know and what we don't [J]. Annals of the New York Academy of Sciences, 896（1）：3-15.

⑥ Winkleby M A, Jatulis D E, Frank E, et al., 1992. Socioeconomic status and health：How education, income, and occupation contribute to risk factors for cardiovascular disease [J]. American Journal of Public Health, 82（6）：816-820.

⑦ 梁童心，齐亚强，叶华，2019. 职业是如何影响健康的？：基于 2012 年中国劳动力动态调查的实证研究 [J]. 社会学研究，34（4）：193-217，246.

⑧ 张永辉，何雪雯，朱文璠，等，2018. 职业类型和社会资本对农村中老年健康的影响 [J]. 西北农林科技大学学报（社会科学版），18（3）：151-160.

⑨ 赵广川，2017. 国民健康不平等及其内在影响机制、演变过程 [J]. 世界经济文汇（5）：55-74.

所从事的工作的体力劳动强度是与收入相关的健康不平等的主要来源①。

1.2.3　文献评述

从已有相关文献可以看出，健康和健康不平等问题受到国内外学者的广泛关注，并产生了丰富的研究成果。诸多学者对健康和健康不平等的定义与度量进行探讨，对各影响因素与健康和健康不平等的关系进行论证，这对理解城乡居民基本医疗保险对居民健康不平等的影响具有重要的意义。但是，总体来看，现有研究仍有以下不足：

第一，在研究内容上。现有研究从多角度探讨了健康不平等问题，对社会政策、人口特征和社会经济特征因素对健康不平等的影响均给予了关注，但关于社会医疗保险对健康不平等的具体影响则着墨不多。有限的研究探讨了新型农村合作医疗对农民健康不平等的影响、城镇居民基本医疗保险与城镇居民健康不平等的关系、医疗保险对城乡老年人健康不平等的影响以及医疗保险对未成年人健康不平等的影响。根据健康不平等"收敛假说"（Lowry and Xie，2009），在中年和老年初期之前健康不平等往往会扩大，而在进入老年时期后健康不平等会逐渐缩小②。随着人口老龄化形势日益严峻，有必要对生理、心理均处于转变期的中老年群体健康不平等给予关注。此外，新型农村合作医疗和城镇居民基本医疗保险在 2019 年年底被整合为统一的城乡居民基本医疗保险。目前，尚未有研究关注城乡居民基本医疗保险对中老年居民健康会产生何种影响，以及对健康不平等进行分解，把握城乡居民基本医疗保险等因素对中老年居民健康不平等的贡献。

第二，在研究深度上。虽然现有部分文献考证了社会医疗保险对居民健康不平等的影响，但是对社会医疗保险影响健康不平等的机制缺乏深入的探讨，无法准确分析社会医疗保险影响健康不平等的渠道，未能为"健康中国"战略目标的实现提供有益的启示。

---

① 王勇，李建民，2014. 生命周期视角下与收入相关的健康不平等分析：基于组群分析的方法 [J]. 南方人口，29（6）：42-54，78.

② Lowry D，Xie Y. 2009. Socioeconomic status and health differentials in China：Convergence or divergence at older ages? [R]. Population Studies Center Research Report No. 09-690，University of Michigan.

结合上述分析，本项研究期望做出以下补充：

第一，本项研究以"健康中国"为背景，以中老年群体为研究对象，探讨城乡居民基本医疗保险对居民健康的影响，并对健康不平等进行分解，把握城乡居民基本医疗保险等因素对居民健康不平等的贡献。

第二，本项研究将进一步分析城乡居民基本医疗保险影响居民健康不平等的机制，深入城乡居民基本医疗保险的制度设计细节，为优化城乡居民基本医疗保险制度和实现"健康中国"战略目标提供理论支持。

1.3 研究思路与内容

1.3.1 研究思路

本书遵照"是什么—为什么—怎么样"的内在逻辑线条，依照"现状描述—实证检验—政策分析"的研究脉络展开。

具体研究思路如下：本项研究首先对居民基本医疗保险的发展历程进行介绍，然后结合数据具体分析居民基本医疗保险的实施状况，接着采用描述统计方法从多角度介绍居民健康状况，采用 Probit 模型和最小二乘法（OLS）分析城乡居民基本医疗保险对居民健康的影响，在此基础上比较城乡居民基本医疗保险对不同户籍、不同性别、不同年龄居民健康的影响差异。其次，本书将采用集中指数法度量居民健康不平等程度，并对居民健康不平等进行分解，识别城乡居民基本医疗保险等因素对居民健康不平等的影响。此外，分年度探讨居民健康不平等和城乡居民基本医疗保险贡献的变化，并对居民健康不平等的变化予以分解，以考察城乡居民基本医疗保险对健康不平等变化贡献的来源。更进一步，在上述分析的基础上，本项研究将重点考察城乡居民基本医疗保险影响居民健康不平等的机制。这部分构成全书的主体，不仅分析城乡居民基本医疗保险对居民健康不平等的贡献，而且分析城乡居民基本医疗保险影响健康不平等的机制。最后，总结研究结论并提出政策建议。

1.3.2 研究内容

基于上述研究思路，本书的主要研究内容涉及以下四个方面：

第一，居民基本医疗保险的发展历程与实施状况。

该部分是本书的第三章，为其后研究城乡居民基本医疗保险对健康不平等的影响提供背景介绍。本章首先阐述居民基本医疗保险的发展历程，包括农村合作医疗制度（经历了计划经济时期实施的老农村合作医疗制度和21世纪初建立的新型农村合作医疗制度两个阶段）、随后实施的城镇居民基本医疗保险，以及于2019年年底将两者整合形成的城乡居民基本医疗保险，并对居民基本医疗保险的发展特点予以总结。之后，从参保人数、筹资水平、保障能力和管理服务等方面介绍居民基本医疗保险的实施状况。

第二，城乡居民基本医疗保险对居民健康的影响。

该部分是本书的第四章，使用中国健康与养老追踪调查数据（2011年、2013年和2015年），分析居民健康状况及城乡居民基本医疗保险对居民健康的影响。一方面，基于三期面板数据，选取可能影响居民健康的其他变量，按照参加城乡居民基本医疗保险、参加新农合或城镇居民医疗保险将样本分为两类，并对相关变量进行描述性分析。另一方面，从不同年份、不同户籍、不同性别、不同年龄和不同参保情况五个角度，考察居民的健康水平与特点。此外，使用Probit模型和最小二乘法（OLS）进行回归分析，预测城乡居民基本医疗保险对居民健康的影响，并进一步考察城乡居民基本医疗保险对居民健康影响在户籍、性别与年龄上的差异。

第三，城乡居民基本医疗保险的贡献对健康不平行影响的实证分析。

该部分是本书的第五章。在前述回归分析的基础上，使用集中指数法度量居民健康不平等状况，分别对全样本、城镇样本和农村样本居民健康不平等进行分解，识别城乡居民基本医疗保险等因素对居民健康不平等的贡献。接下来，分年度探讨居民健康不平等以及城乡居民基本医疗保险贡献的变化，并对集中指数的变化进行分解，进一步考察城乡居民基本医疗保险对健康不平等变化的贡献来源。最后，分析城乡居民基本医疗保险对不同收入居民健康状况改善的差异，以检验城乡居民基本医疗保险影响健康不平等的渠道。

第四，城乡居民基本医疗保险缓解健康不平等的机制分析。

该部分属于本书的第六章。在前述研究结论的基础上，结合已有的相关研究，提出医疗服务可及性和医疗服务利用水平可能是城乡居民基本医疗保险影响健康不平等的机制。首先，分别分析居民医疗服务可及性和医疗服务利用水平不平等。然后分别对居民医疗服务可及性和医疗服务利用水平不平等予以分解，考察各关键要素，尤其是城乡居民基本医疗保险的贡献，以验证城乡居民基本医疗保险影响健康不平等的机制。

1.4 研究方法与数据

1.4.1 研究方法

本项研究旨在分析城乡居民基本医疗保险对居民健康不平等的影响，在研究方法上有两个突出特点。第一，理论分析与实证分析相结合，侧重实证分析。本项研究重点考察城乡居民基本医疗保险对居民健康的影响，以及对居民健康不平等进行分解，把握城乡居民基本医疗保险对居民健康不平等的贡献，进一步深入探讨城乡居民基本医疗保险影响居民健康不平等的机制。由此可见，本项研究主要关注"是什么"的问题，而不是"应该是什么"的问题，因此侧重实证分析。第二，定性研究与定量研究相匹配，侧重定量研究。本项研究重点分析城乡居民基本医疗保险与居民健康的相关性，测量居民健康不平等程度及对健康不平等进行分解，探讨城乡居民基本医疗保险影响居民健康不平等的机制时均离不开相关数据支撑和计量方法的运用。具体而言，本项研究重点运用以下三种方法。

（1）文献研究法

一般来说，在开始对某一问题的研究时，首先需要通过互联网检索与图书馆查阅等方式收集相关的学术著作、调查数据、新闻报道和政策文件等信息。在本项研究中，对新闻报道和政策文件的研读可以增强我们对居民基本医疗保险发展历程和现状的认识；对国内外相关学术著作的研读和归纳，一方面有助于界定健康及健康不平等的概念、度量方法以及相关理论等，从而为本项研究提供理论支撑，另一方面帮助我们发现已有研究的不足与缺憾，确定本项研究的切入点，从而更有针对性地开展研究；对宏观和微观数据的收集和研读可以为本项研究提供实证分析所需数据。

（2）定量研究法

在理论分析之后，需要进行实证分析，以检验城乡居民基本医疗保险对居民健康不平等所产生的影响，从而为优化我国城乡居民基本医疗保险制度、缩小居民健康不平等的程度提供有益的经验证据，这离不开定量分析法。定量分析法主要是指采用统计学和计量经济学的相关方法和技术，对研究数据进行处理。在本项研究中，对居民健康和相关影响因素变量进行描述性分析以了解样本数据的基本特征，为下一步的定量分析提供基础。接下来，使用 Probit 模型和最小二乘法（OLS）进行基准回归，实证检验城乡居民基本医疗保险对居民健康的影响。之后，使用集中指数法度量居民健康不平等，并对健康不平等进行分解，以明晰城乡居民基本医疗保险等因素对居民健康不平等的贡献。

（3）比较研究法

本项研究大量采用了比较分析法，主要包括横向比较和纵向比较。例如，利用中国健康与养老追踪调查数据，纵向比较 2011 年、2013 年和 2015 年居民健康状况，了解居民健康随时间变化的趋势；对不同户籍、不同性别、不同年龄和不同参保情况居民的健康状况进行横向比较，以全面反映居民健康状况差异；在检验城乡居民基本医疗保险对居民健康的影响时，分别对不同户籍、不同性别、不同年龄的居民健康进行回归分析，横向比较以揭示城乡居民基本医疗保险对不同群体健康影响的异质性；对全样本、城镇样本、农村样本的居民健康不平等进行分解，横向比较不同户籍居民健康不平等差异和各因素对健康不平等的贡献差异等；纵向比较不同年份居民健康不平等程度及城乡居民基本医疗保险对健康不平等的贡献，观测居民健康不平等和城乡居民基本医疗保险对健康不平等的贡献随时间变化的情况。总之，比较研究能够定量、定性地区分不同群体、不同年份的健康不平等差异以及相关因素对健康不平等贡献的差异，从而全面反映居民健康和健康不平等状况，为研究的开展和研究结论的提出形成有效支撑。

1.4.2 研究数据

本书第三章介绍居民基本医疗保险实施状况所用的数据主要来自国家宏观层面的数据，包括国家卫生健康委员会发布的《中国卫生和计划生育统计年鉴》、人力资源和社会保障部发布的《人力资源和社会保障事业发展统计公报》、国家医疗保障局发布的《全国基本医疗保障事业发展统计公报》以及财政部等发布的城乡居民基本医疗保险相关文件。本书第四章、第五章和第六章中实证部分使用的是大型微观调查数据——中国健康与养老追踪调查数据，下面将对其予以详细介绍。

中国健康与养老追踪调查（China Health and Retirement Longitudinal Survey，CHARLS）是由北京大学国家发展研究院和北京大学中国社会科学调查中心等多个机构联合开展的大规模调查。这项调查涉及诸多学科，目的在于通过多阶段抽样调查以汇成一套能够有效揭示中国 45 岁及以上中老年人及其家庭情况的微观数据，用于中国人口老龄化问题研究，为我国制定和完善相关政策提供更加科学的依据。由于借鉴了已在美国、英国以及欧洲等国家或地区开展的类似调查项目的问卷设计经验，中国健康与养老追踪调查问卷设计较为科学合理，涵盖内容较为丰富。此外，这项调查在抽样方面也有较大创新，将 PPS 抽样法应用于县（区）和村居抽样，第一次提出并使用了电子绘图软件（CHALRS-GIS）技术，在构建村级抽样框时引入了地图法。

中国健康与养老追踪调查于 2008 年开展预调查，调查地点是中国东西部代表性省份浙江和甘肃；在 2011 年开展全国基线调查；在 2011 年、2013 年、2015 年和 2018 年，均在全国 28 个省级行政单位下辖的 150 个县、450 个社区（村）进行调查工作；至 2018 年全国追踪调查完成时，总调查样本包含了 1.24 万个家庭中的 1.9 万位被访者。这项调查所收集的数据主要涵盖了以下方面：被访者的个人基本信息，家庭结构和经济支持，健康状况，体格测量，医疗服务利用和医疗保险，工作、退休和养老金、收入、消费、资产，以及社区基本情况等。这项调查的回答率和所收集的数据质量在类似调查项目中均属于较高水平，学术界广泛认可并应用该调查数据。

本项研究使用 2011 年、2013 年和 2015 年中国健康与养老追踪调查的数据有以下原因：首先，本项研究关注城乡居民基本医疗保险问题，在中国健康与养老追踪调查问卷"医疗保健与保险"章节设置了关于城乡居民基本医疗保险（即合并城镇居民和新型农村合作医疗保险）的问题，为本项研究提供了数据支持，这是其他诸如中国健康与营养调查等与健康相关的大型微观数据所不具备的优势。第二，如引言所述，本书旨在提供来自中老年人"参加医疗保险对健康不平等的影响"的经验证据，这方面的研究相对缺乏，中国健康与养老追踪调查是专门针对 45 岁及以上中老年人开展的调查，其调查数据符合本项研究的需求。第三，城乡居民基本医疗保险是指城镇居民基本医疗保险和新型农村合作医疗保险的合并，本项研究并不涉及城镇职工基本医疗保险的参保人群，由于中国健康与养老追踪调查的被访对象是 45 岁及以上中老年人，样本中新型农村合作医疗和城镇居民基本医疗保险参保者所占比例较高，因此符合本项研究的需要。第四，中国健康与养老追踪调查 2011—2015 年的时间区间符合本项研究要求，虽然有些地区城乡居民基本医疗保险整合试点工作开展较早，但全国较大规模地实施城乡居民基本医疗保险整合是从 2009 年新医改开始的。因此，中国健康与养老追踪调查 2011 年、2013 年和 2015 年样本中有部分地区已进行了城乡居民基本医疗保险整合，这为本项研究提供了可能性。本书仅保留参加城镇居民基本医疗保险、新型农村合作医疗或城乡居民基本医疗保险的样本，在剔除缺失关键信息的样本后，最终得到有效样本 34 389 个。

1.5　研究的创新点与不足之处

基于上述建构的研究框架与研究思路，本书重点考证两方面内容：一是居民基本医疗保险的发展历程和实施状况；二是居民健康和健康不平等的状况。进一步地，结合这两方面内容分析城乡居民基本医疗保险对健康不平等的影响，同时分析城乡居民基本医疗保险影响健康不平等的机制，这对改善居民健康不平等、优化城乡居民基本医疗保险制度具有重要的理论与实践价值。尽管本项研究存在某些创新点和闪光之处，但仍存不足，需要在今后的学术研究中继续探索。

1.5.1 研究的创新点

首先，以 45 岁及以上的中老年居民为研究对象，系统研究城乡居民基本医疗保险对健康不平等的影响，既补充了城乡居民基本医疗保险对健康不平等影响研究的不足，也可以揭示城乡居民基本医疗保险在人口老龄化形势下对改善中老年居民健康和健康不平等所发挥的作用。

其次，本书不仅分析城乡居民基本医疗保险对居民健康的影响，而且分析城乡居民基本医疗保险对健康不平等的贡献，并从居民医疗服务可及性和医疗服务利用水平两方面探讨城乡居民基本医疗保险影响健康不平等的机制，这是本书最大的贡献。根据党的十九大报告，当前我国社会主要矛盾已经发生了变化，人民日益增长的美好生活需要和不平衡不充分的发展之间的矛盾成为当前我国社会的主要矛盾。健康不平等就是健康领域发展不平衡不充分的集中体现。为保障人民基本健康权益、实现人民健康与经济社会协调发展，我国于 2019 年年底将新型农村合作医疗和城镇居民基本医疗保险整合为统一的城乡居民基本医疗保险，以逐步缩小城乡基本医疗服务和健康水平的差异，实现全民健康。掌握城乡居民基本医疗保险对健康不平等的影响与作用机制，可以为政策制定者选择公共政策工具以进一步改善居民健康不平等状况、优化城乡居民基本医疗保险制度、助力实现"健康中国"战略目标提供参考依据。

1.5.2 研究的不足之处

首先，受到中国健康与养老追踪调查问卷相关问题设计和数据的限制，本项研究仅使用自评健康作为衡量居民健康状况的指标。健康的内涵极其丰富，健康衡量指标不同，结果也可能会存在差异。因此，对健康的衡量也应该是多维的，才能更准确地反映真实的健康状况。受限于数据的可得性，本项研究仅能使用自评健康这一主观指标来衡量居民健康状况，未能使用多种健康衡量指标来佐证结果。

其次，本项研究结合中国健康与养老追踪调查问卷选取影响居民健康的指标，受问卷设计和数据可得性的限制，可能会遗漏某些对健康影响较大的指标，在一定程度上会削弱本项研究结论的说服力。

　　此外，由于中国健康与养老追踪调查数据样本仅覆盖了中国 28 个省（自治区、直辖市），未覆盖全国所有省份，这可能会影响本项研究结论的全面性和准确性。

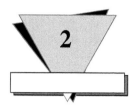

2

概念界定与理论基础

界定研究对象的相关概念和理论基础是开展研究的必要前提。本章包括两节：第一节界定本项研究的相关概念，主要包括社会保障、社会医疗保险、城乡居民基本医疗保险、健康与健康不平等的内涵，以及健康和健康不平等的度量方法，健康的度量方法涉及死亡率、患病率、预期寿命、伤残调整生命年、伤残调整期望生命年、自评健康和健康质量指数，健康不平等的度量方法包括极差法、差异指数法、不平等斜率指数与相对指数法、洛伦兹曲线、基尼系数法和集中指数法；第二节介绍本项研究的理论基础，主要包括人力资本理论、自由与平等理论和卫生服务公平理论，对理论基础的分析还可以为其后章节探讨城乡居民基本医疗保险影响健康不平等的机制提供依据。

2.1 概念界定

2.1.1 社会保障

社会保障是国家以再分配为手段，为国民提供最基本的安全保障，以保持社会安定的正式制度安排。17 世纪初期，英国《济贫法》的颁布标志着社会保障制度开始建立，随后，德国于 1883 年颁布并实施了《疾病保险法》，该保险法具有强制性，对欧洲各国产生了重要影响，社会保障制度在欧洲各国相继建立。在 1935 年，美国颁布了《社会安全法》，标志着社会保障制度在北美地区的建立与实施。在 1944 年第二十六届国际劳工大会达成的《费城宣言》中，"社会保障"这一概念得以正式使用。20 世纪中叶，在第三十五届国际劳工大会上，对社会保障最低标准的要求予以确认，主要包括失业给付标准、医疗给付标准、养老给付标准等一系列社会保险的给付标准。进入 21 世纪，社会保障作为维持国家稳定的利器，已经成为各国公共政策不可或缺的重要组成部分，尤其是随着人口老龄化形势的加剧和人们医疗保健意识的普遍增强，医疗保险成为社会保障项目中最关键的组成部分。

由于各国国情存在差异，社会保障的概念也不尽相同，但是总体来说可以分为以下六类。

第一类：根据《牛津法律大辞典》，社会保障在英国是一种具有保障性的制度，具体而言，是在居民因年老、失业、疾病和残障等风险发生而遭受损失时，为其提供保护的法律总称。

第二类：德国学者认为，社会保障应保障居民即使在社会竞争中失败而依然可以生存下去，并且能够获取继续参与竞争的机会，如果因为失败而无法再次参与竞争，则应该受到最低生活保障制度的保障。

第三类：在美国，社会保障指根据法律规定，对患有疾病的居民提供必需的医疗保护与经济支持，对特殊人群（比如结婚、生育或死亡等）给予特殊的津贴，并形成一系列有明文规定的条例与准则。

第四类：联合国劳工组织认为，社会保障作为一项重要的公共政策，应该面向全体成员，且对所有成员因养老、失业、生育、疾病等造成的损失与困境，给予帮助与补贴。

第五类：在日本，社会保障主要关注低收入群体，保障低收入群体的基本生活需求。

第六类：在中国的语境下，社会保障制度具有特殊的内涵。社会保障制度是国家根据法律法规，保障各类人群在陷入生活困境时能获得必要的物质帮助以维持基本生活水平。因此，在某种程度上，社会保障具有再分配的功能，可维持社会稳定与社会公平。一般而言，社会保障包括社会保险、社会福利、社会优抚和社会救助等。

根据上述分析可以知道，各国国情存在差异，社会保障的概念及保障群体在每个国家也各有不同。但是，社会保障制度的运行及核心内容是恒定的。第一，对弱势群体的关怀是永恒不变的内容，无论经济发展水平如何，各国均强调了社会保障应该重点关爱弱势群体。第二，经济、社会与文化等因素在社会保障制度运行与完善过程中通常发挥着不可忽视的作用。

2.1.2 社会医疗保险

针对医疗保险的概念，学者们对其进行了不同的解读。目前，医疗保险可以分为两类：一类是广义的医疗保险，又被称为健康保险，主要指提供用于疾病防治、保健，以及因病导致的误工、分娩、残疾补贴与死亡补贴等费用；另一类是狭义的医疗保险，狭义的医疗保险主要指对治疗疾病所支付的医疗费用提供补贴。因此，在某种程度上，医疗保险可以被认为是对健康风险造成的损失给予补贴，同时具有补贴功能与风险转移功能。

本书认为，社会医疗保险是由国家立法，具有强制性的社会保险，其资金主要来自参加社会医疗保险的个体、国家与单位。在整个社会中，社会医疗保险集合了不同来源的医疗保险资金，建立起共同的社会医疗保险基金，当个体有需求时，由社会医疗保险基金管理机构进行核实，并对治疗费用进行相应的补贴。所以，社会医疗保险遵循大数法则，是人们共同抵御疾病风险的重要保障制度。需要指出的是，商业医疗保险也是运用大数法则，帮助参保者增强抵抗风险的能力并缓解疾病风险带来的冲击，但其不具备强制性。

社会医疗保险作为社会保障的重要组成部分，具有社会保障的强制性、普遍性、保障性和福利性等特征。此外，社会医疗保险还具有以下特征。

第一，公平性。在同一类型的医疗保险下，所有参保人享受统一的医疗保险报销起付线、封顶线和补贴比例，医疗保险基金所支付的报销费用必须专款专用。

第二，补偿性。不同于社会保险其他项目的定额给付方式，在同一类型的医疗保险下，医疗费用补偿与参保人所缴纳的医疗保险费用关联不大，主要根据每个参保人实际患病和治疗情况，按报销标准对所支出的医疗费用进行补贴。

第三，风险性。俗语常讲"人吃五谷杂粮，难免生病"，即人人都存在患病的风险，一旦患病治疗，就会产生相应的医疗费用，故医疗保险的支付概率远高于其他社会保险项目。值得注意的是，一个人一生的患病概率、病情严重程度以及治疗的难易程度等都难以预测，因而，社会医疗保险的风险性也较难预测。

第四，复杂性。社会医疗保险基金来源于单位、个人和国家，社会医疗保险基金在对医疗费用进行报销时，涉及医院、参保人和医疗保险管理机构三方主体，其中包含着参保人、用人单位、医院和医疗保险管理机构的权利和义务、国家经济发展、医疗保险基金有效利用及医疗费用控制等问题。

第五，信息不对称性。医疗保险在对医疗费用进行补偿时，涉及参保人、医院和医疗保险管理机构三方，由于医学治疗及护理的技术性和专业性很强，而参保人和医疗保险管理机构对此的认知较为有限，认知落差的存在可能会导致医院诱导患者的医疗服务需求或降低为患者提供的医疗服务的质量，也可能会造成医疗保险管理机构与医院沟通不畅，难以有效控制医疗费用等。

2.1.3　城乡居民基本医疗保险

本书关注城乡居民基本医疗保险对健康不平等的影响，本节对城乡居民基本医疗保险的概念予以界定。城乡居民基本医疗保险由城镇居民基本医疗保险与新型农村合作医疗整合而成，整合工作于 2016 年开始，于 2019 年年底完成。城乡居民基本医疗保险的建立使城乡居民不受户籍约束而参加统一的基本医疗保险制度，享受统一的基本医疗保险权益，旨在促进医疗保健领域的公平正义。城乡居民基本医疗保险整合体现在四个方面：第一，对覆盖范围予以统一，将应参加城镇职工基本医疗保险之外的全部城乡居民纳入城乡居民基本医疗保险；第二，统一筹资政策，继续沿用原有城镇居民基本医疗保险和新型农村合作医疗的筹资方式，以个人缴费与政府补助相结合为主，筹资标准实现城乡统一，个人缴费标准根据城乡居民人均可支配收入实行动态调整；第三，统一医保目录和医疗保险待遇，城乡参保居民使用统一的医保药品、医疗服务项目目录，享受统一的医疗保险支付标准；第四，统一管理，主要涉及统一城乡居民医保定点机构管理、公立和非公立医疗机构管理以及对城乡居民缴费形成的医疗保险基金进行统一管理。此外，大病保险是城乡居民基本医疗保险的重要拓展和延伸，所需资金从城乡居民基本医疗保险基金中划出，由商业保险机构经办管理，医疗保险管理机构对商业保险机构予以考核，对大病患者发生的高额医疗费用在基本医保报销的基础上进行再次报销，减轻城乡居民大病医疗费用负担。由于大病保险对实际支出的医疗费用进行报销，因此报销范围比基本医疗保险政策范围更宽泛。根据《关于做好 2019 年城乡居民基本医疗保障工作的通知》（医保发〔2019〕30号），2019 年城乡居民基本医疗保险个人缴费和人均财政补助标准分别增加

30 元，个人缴费达到 250 元/年，人均财政补助标准不得少于每年 520 元；城乡居民基本医疗保险的待遇水平将会循序渐进地提升，在维持现有政策内住院费用报销比例的基础上对报销比例予以上调，持续优化门诊费用统筹及支付机制，对参保人员因患高血压、糖尿病等所需的门诊用药予以报销；就增强大病保险保障能力而言，财政补助所增加的 15 元划入大病保险，降低并统一大病保险起付线，提高政策内报销比例到 60%，针对贫困人口进一步降低起付线，将报销比例上调 5 个百分点并且不受封顶线限制。

2.1.4 健康

（1）健康的概念

正如前章文献综述部分提到的那样，人们对健康的认识和定义是一个动态发展的过程，健康的概念逐步从生物医学范畴扩展到心理和社会科学范畴。1946 年世界卫生组织对健康的概念进行了定义：健康不仅仅指身体没有疾病或虚弱，而是身体、心理和社会交往三个方面均达到良好的状态。根据世界卫生组织对健康的定义，健康涉及人的身体、心理与社会交往三个层面。其中，身体健康是最基本的，为心理健康奠定物质基础，心理健康进而为身体健康提供了精神支撑，而社会交往则取决于身体和心理健康。1989 年，世界卫生组织对健康的定义做了进一步的深化，新增了道德健康，健康的定义扩展为四个层面。

因世界卫生组织对健康所做的定义是以其自身的工作目标和范围为基础的，对各个国家开展实际健康工作而言，这一定义显得较为广泛和笼统，可操作性较差，许多发展中国家仍将身体健康作为衡量健康和制定相关政策的依据。一些学者也对世界卫生组织对健康所做的定义表示质疑[1]，并指出医学意义或生理层面的缺陷并不代表不健康[2]，即使身体、心理和社会交往三

---

① Hyder A A, Puvanachandra P, Morrow R H, 2012. Measuring the health of populations：Explaining composite indicators ［J］. Journal of Public Health Research, 1 （3）：222.

② Bury M, 2005. Health and illness ［M］. Polity Press.

个层面均良好，也并非获得幸福的必要条件①。正是由于这些原因，生物医学以及社会科学研究人员在开展健康相关研究时，往往结合研究目标来界定健康的概念。诚然，任何关于健康的概念均有其缺陷和不足，对健康进行实证研究，要求健康的概念必须具备具体性和可度量性。

本书关注城乡居民基本医疗保险对居民健康不平等的影响，健康在本书中是指综合了中老年城乡居民生理健康、心理健康、对健康的认知及社会经济关系等多方面信息的多维概念。

（2）健康的度量

度量健康的指标有很多，总体上可以分为两类：一类是宏观层面的健康度量指标，用于度量某个群体或某个区域人口的总体健康状况，包括死亡率、患病率、发病率、伤残调整生命年、伤残调整期望生命年和预期寿命等；另一类是微观层面的健康度量指标，用于测量个人健康水平，常见的有自评健康、健康质量指数及身体质量指数等。下面对这些常用的健康度量指标进行介绍。

死亡率（Mortality Rate）指在某一时期，某一人群总的死亡人数占该人群总人数的比例。新生儿死亡率、婴儿死亡率和孕产妇死亡率等能够较为准确地揭示经济发展水平、物质生活条件和卫生保健状况对某个人群或某个区域人口健康的影响。一般在政府发布的统计资料中均能找到死亡率数据，因此用死亡率度量人群健康具有较高的可信度。

患病率（Morbidity Rate）指在某一时期，某一人群中患某种疾病的人数占总人数的比例；发病率则是某一时期，某一人群中患某种疾病的新增人数占总人数的比例。患病率和发病率均通过在宏观层面反映人群的疾病发生状况以衡量人群总体健康水平。在开展健康相关工作和研究时，常用两周（或四周）患病率和慢性病发病率衡量健康。

预期寿命（Life Expectancy）指某年龄组人群从出生到死亡可能生存的年数。由于预期寿命仅反映了生命的长度，无法反映生命的质量，故在此基础上提出了以伤残调整生命年和伤残调整期望生命年度量健康。

---

① Callahan D, 1973. The WHO definition of health [J]. Hastings Center Studies, 1 (3): 77-87.

伤残调整生命年（Disability Adjusted of Life Year）指因患病早于所在人群平均预期寿命死亡所损失的生命年数（Years of Life Lost）和因伤残相应折算而损失的生命年数（Years Lost due to Disability）之和，是一种结合健康状态、生存质量（伤残）调整和寿命损失的综合健康测量指标。其中，因患病早于所在人群平均预期寿命死亡所损失的生命年数（YLLs），通过人群平均预期寿命减去死亡时的年龄差乘以死亡人数获得，如下面公式所示：

$$YLLs = n \times (a - d)$$

式中，n 为该人群中死亡人数，a 为该人群平均预期寿命，d 为死亡时的年龄。

如果将人群划分为若干组别，因患病早于所在人群平均预期寿命死亡所损失的生命年数（YLLs）的计算公式如下：

$$YLLs = \sum_{d=0}^{D} n_d(a - d)$$

因伤残相应折算而损失的生命年数（YLDs）的计算方法为伤残等级对应的权数、伤残状态持续时间和不同伤残的贴现率的乘积，计算公式如下：

$$YLDs = r_d \times n_d \times c$$

当涉及不同人群时，该公式为：

$$YLDs = \sum_{d=0}^{D} r_d \times n_d \times c$$

式中，r_d 为贴现率，n_d 为伤残等级对应的权数，c 为伤残状态持续时间。

伤残等级对应的权数在 0 和 1 之间，0 代表健康，1 代表死亡，伤残等级越高，则对应的权数越大。世界卫生组织制定了伤残等级量表，见表 2-1。

表 2-1　世界卫生组织制定的伤残级别、症状与权数

伤残级别	症状	权数
第一级	身高体重失衡、面部有疤痕	0~0.02
第二级	严重贫血、咽喉肿痛、腹泻	0.02~0.12

续表

伤残级别	症状	权数
第三级	不孕不育、心绞痛、风湿性关节炎、胫骨骨折	0.12~0.24
第四级	丧失听力、膝盖以下截肢	0.24~0.36
第五级	先天性愚钝、轻度智障	0.36~0.5
第六级	抑郁症、失明、半身不遂	0.5~0.7
第七级	痴呆、精神分裂、瘫痪、严重心绞痛	0.7~1

资料来源:《国民健康公平程度测量、因素分析与保障体系研究》①。

伤残调整期望生命年（Disability Adjusted Life Expectancy）是另一常用于衡量健康水平期望值的指标。该指标依托健康寿命量表，在计算时结合健康水平量表以及与健康水平相应的权重，本质是计算出健康生命年数。多重状态法和 Sullivan 法是计算伤残调整期望生命年的两种常见方法，多重状态法在计算时考虑到了不同健康状态间的转换，Sullivan 法操作起来则更为简便。Sullivan 法根据寿命量表计算出期望寿命（LE），以 5 岁为一个分段，计算公式为:

$$LE_t = \left(\sum_{u=t}^{I} Y_I\right)/n_t$$

而加入伤残调整项后可得到伤残调整期望生命年（DALE），计算公式为:

$$DALE_t = \left[\sum_{u=t}^{I} Y_i\left(\sum_{s=0}^{S} w_s d_{si}\right)\right]/n_t$$

式中，n_t 表示假想的寿命表队列中 t 岁时尚存活的人数；Y_i 指从 t 岁至 $t+5$ 岁的寿命表中存活的人所存活的年数；I 指寿命表中末尾区间的年龄段；s 代表健康状态。从完全健康到完全不健康共划分为 $S+1$ 种状态，0 到 S 之间的全部健康状态的权重（w_s）相加为 1，$0 < w_s < 1$；d_{si} 为示性函数。

自评健康（Self-Rated Health）是衡量个体健康状况的重要指标，通常

① 胡宏伟，2010. 国民健康公平程度测量、因素分析与保障体系研究 [M]. 北京：人民出版社：84.

由受访者从事先设定的健康等级（一般为三至五个）中做出选择，对自己的健康状况进行评价。健康等级常分为：极好、很好、好、一般、不好；很好、好、一般、不好、很不好；很好、较好、一般、较差、差；优、良、中、差；等等。不同问卷对健康等级的表述可能存在细微差异，但都是尽最大可能覆盖健康状况从好到差的所有状态，目的都是获取受访者对自身健康状况的认知和评价信息。中国健康与养老追踪调查问卷在询问被访者健康状况时就提供了"很不好，不好，一般，好，很好"五个健康等级选项。使用自评健康度量健康状况的优点是显而易见的，即成本较低、易于实施和理解。获取健康信息较为便捷，既能反映被访者的健康状况，又能反映被访者对自身健康的认知，因而自评健康被普遍应用于健康研究与调查。

健康质量指数（Quality of Well-Being Index）是反映个体健康状况的一种客观指标，它可以对个体在完全健康与死亡之间的所有状态进行全面的评估，不同的分数表示不同的健康状态（1 意味着完全健康，0 代表死亡）。健康质量指数得分由移动指标、身体活动指标、社会活动指标和被访者身体症状相关指标构成，每一类指标又包含多个子指标，每个子指标有相应的权重，健康质量指数的计算就是将四大类指标的得分进行加总。健康质量指数具有极好的信度和效度，但健康质量指数的计算涉及四大类指标，其中又分别包含诸多子指标，这些指标均需依托对应的量表。这意味着使用健康质量指数需要全面调查诸多相应的问题，因而健康质量指数的实用性较差。

此外，衡量个体健康状况的指标还有身体质量指数（Body Mass Index），它是以体重（千克）除以身高（厘米）的平方获得相对客观的参数并以此反映健康状况。

本书使用中国健康与养老追踪调查 2011 年、2013 年和 2015 年数据，该问卷在"健康状况和功能"章节中设置了这一问题："您认为您的健康状况怎样？"并提供了"很不好，不好，一般，好，很好"五个选项供被访者选择以评价其健康状况。因此，中国健康与养老追踪调查数据提供了"自评健康"这一信息。考虑到自评健康能够反映被访者的健康状况及对健康的认知，从而较为全面地提供关于被访者的健康信息，故本书使用自评健康这一指标度量健康。

2.1.5 健康不平等

（1）健康不平等的概念

健康不平等与社会经济不平等息息相关，长于研究经济不平等的阿马蒂亚·森从规范的角度出发，指出健康状况较差的原因在于人类基本可行能力不完整造成实质性自由的丧失，认为健康不平等是社会等因素造成人类基本可行能力丧失，即对健康的剥夺。健康不平等的成因可以分为两类：一类是先天因素；另一类是社会经济因素。受先天因素影响（如性别、年龄、遗传等），不同人群间的健康状况总会存在差异，这种健康不平等是客观存在的、不可避免的，属于纯粹的健康不平等。社会经济地位较高群体的健康状况往往比社会经济地位较低的群体更好，这种健康不平等是不公平的。社会经济因素具有可控制性，社会经济因素引发的健康不平等是可以缩小的。本书关注的是社会经济地位差异所引发的健康不平等，对这种健康不平等的探究，有利于我们更加深刻地认识中国健康不平等情况，为缩小健康不平等提供政策建议和理论依据。

（2）健康不平等的度量

如前所述，阿马蒂亚·森从规范的角度出发对健康不平等的内涵进行了解释，随后学者们主要采用实证方法对健康不平等进行研究。在使用实证方法研究健康不平等时，会涉及健康不平等的度量。在现阶段，比较经常用到的健康不平等度量方法有极差法、差异指数法、不平等斜率指数与相对指数法、洛伦兹曲线和基尼系数法以及集中指数法。

极差法（Range Method），也被称为全距法，在统计学中被用以比较最大值和最小值的差距。极差法是度量健康不平等最简单、最常用的一种方法，它将人群按某一标准（通常为社会经济特征）进行分组，对社会经济地位最高组与社会经济地位最低组人群的健康状况差异进行对比。极差法的优点在于能够直接明了地反映极值组，如社会经济地位最高组人群与社会经济地位最低组人群健康绝对差异的大小，但它忽略了中间组，如处于社会经济地位中间部分的人群，无法反映各个层次人群的健康差异情况。此外，极差法没有考虑到不同组别的样本量可能存在差异，在比较不同组别的健康差异时，不同组别样本量不同会造成比较结果不具典型性。

差异指数法（Index of Dissimilarity），即按照一定标准，将人群分为若干组，将各组人群健康状况占全体人群的比重与此组人群占全体人群的比重之差的绝对值累加求和，再除以 2 得到差异指数。差异指数的取值范围在 0 和 1 之间，差异指数越接近 1，则意味着该组人群健康分布的不平等程度越高。使用差异指数法衡量健康不平等，可以掌握不同组人群的健康分布情况，但无法反映所有人群各个组之间健康的差异。

不平等斜率指数与相对指数法（Slope Index of Inequality and Relative Index of Inequality），将人群按社会经济地位进行分组并排序，以条形图的宽度表示每组人群在总人群中所占比重，高度代表各组人群健康状况的平均值，对各组人群的健康状况和社会经济地位进行回归，对所得的回归结果连线，则斜线表示各种人群健康状况随社会经济地位从低到高的变化趋势，该斜线的斜率即为不平等斜率指数。不平等斜率指数的绝对值越小，说明健康不平等程度越低。极差法仅能反映极值组人群的健康分布情况，差异指数法仅能反映各组人群的健康不平等情况，而不平等斜率指数可以反映健康在各组人群的总体分布情况，并且能揭示社会经济地位对健康不平等的影响。不平等斜率指数度量的是绝对的健康不平等，假如每个人的健康水平增长为原来的 2 倍，条形图高度随之变为原来的 2 倍，则不平等斜率指数也会相应扩大为原来的 2 倍，然而各组人群间健康水平相对差异未发生变化。在不平等斜率指数基础上派生出了相对不公平指数，计算方法为不平等斜率指数除以平均健康水平，它被用以反映各组群体健康状况的相对差异。

洛伦兹曲线和基尼系数法（Lorenz Curve and Gini Coefficient），这一方法常被用于研究收入不平等。把人们的收入分成若干等级，纵轴为收入累计百分比，横轴为按收入排序的人口累计百分比，将按收入排序的人口累计百分比与相应的收入累计百分比所形成的点相连，构造的曲线即为洛伦兹曲线。基尼系数为洛伦兹曲线和对角线（坐标轴原点与按收入排序的人口累计百分比最大值与对应的收入累计百分比最大值形成的点的连线）之间面积与对角线下方面积的比值。基尼系数取值在 0 和 1 之间，当洛伦兹曲线和对角线重合时，基尼系数为 0，此时不平等程度最低；当洛伦兹曲线完全位于右下角时，基尼系数为1，此时不平等程度最高，基尼系数越接近1，不平等程度越高。用洛伦兹曲线和基尼系数法度量健康不平等时，只需将收入变量替换为健康。相较于前面提到的几种度量健康不平等的方法，洛伦兹曲线和基尼系数法不仅可以反映人群总体健康不平等状况，还可以反映具体每个个体的健康不平等状况，以及直观反映不同人群、不同个体间健康不平等状况的对比。洛伦兹曲线和基尼系数法的不足在于仅能反映人群的健康不平等状况，无法揭示相关因素对健康不平等的影响。

集中指数法（Concentration Index）与洛伦兹曲线和基尼系数法度量健康不平等类似，差别在于集中指数法的横轴为按收入排序的人口累计百分比。与洛伦兹曲线相同，当集中曲线与对角线重合时，表明此时健康不平等程度最低，人群中健康分布是完全平等的，当集中曲线在对角线之上或在对角线之下，且集中曲线与对角线之间的距离越远，则意味着健康不平等程度越高。集中指数的计算方法不同于基尼系数。集中指数计算公式为

$$C = 2cov(x, h)/\mu$$

式中，C 是集中指数；x 是相关秩；h 是相应的健康水平；μ 是人群总体平均健康水平；$cov(x, h)$ 可用 h 对 x 求回归，回归斜率为 β，$\beta = cov(x, h)/var(x)$；$var(x)$ 是变量相对秩的方差，$C = 2var(x)(\beta/\mu)$。

集中指数的几何意义是集中曲线与对角线之间面积的 2 倍，取值范围在−1 和 1 之间，集中指数绝对值越小，说明健康不平等程度越低。在使用患病率等不良健康度量指标时，若不良健康主要分布于低收入群体，则集中曲线在对角线之上，集中指数为负值。总体来看，集中指数法既具有洛伦兹曲线和基尼系数法的优点，还可以揭示社会经济地位对健康不平等的影响。此外，对集中指数进行分解，还可以掌握各影响因素对健康不平等的贡献。因此，本文采用集中指数法衡量健康不平等，并对健康集中指数进行分解，从而把握各影响因素对健康不平等的贡献。

2.2　理论基础

2.2.1　人力资本理论

人力资本思想起源于古典经济学，20世纪中叶逐步形成了现代人力资本理论。

早在古希腊时期，柏拉图在《理想国》中就分析了教育与训练的重要性和经济价值，这被视为关于对人进行投资的意义的最早论述。亚里士多德也提出，教育具有重大意义，是保障国民福利的重要手段，教育投入会"间接"促进经济发展。

随后，古典经济学家也纷纷关注人的价值。魁奈认为，"人"是国家财富的首要因素。威廉·配第指出，人是重要的资产，在产品和财富生产中所发挥的作用无可替代，并以货币的形式对人的经济价值进行了计算。威廉·法尔改进了配第计算人的经济价值的方法，进一步提出将人们获取收入的能力转化为物质性财产。亚当·斯密创造性地提出"一个社会全体成员所具有的能力"也是一种资本，并且需要对这种资本投入教育和培训等。他还指出"学习一种才能需接受教育、进学校、做学徒，花费不少，但这样的花费会转化为学习者自身的能力"，劳动所得的收入就是对学习才能花费的"补偿"①。在斯密学说的基础上，萨伊等经济学家将"花费、固定"在人身上的投入视为一种投资，这种投资将转化为"固定、积累的资本"，劳动所得的报酬将对这些投入予以"补偿"。

1960年，舒尔茨在美国经济学年会上首次对人力资本理论予以系统的阐述，标志着人力资本理论的诞生。人力资本是投资于人自身所形成的知识、技能和体力等的存量总和，对经济社会发展有益，并且是经济和社会发展的重要决定性因素。人力资本具有四个特点。第一，人力资本不可买卖。人力资本的存在以人为依托，人不可被买卖，人力资本同样不可被买卖，人

---

① 王亚南，1979. 资产阶级古典政治经济学选辑［M］. 北京：商务印书馆：298-299.

力资本只能以提供一定时间的劳动服务的形式出售。因提供劳动服务而获得的报酬，可以被视为人力资本的租金。第二，人力资本既是手段，也是目标。具体来看，人力资本有助于经济社会发展，积累人力资本是实现人类全面自由发展的重要途径，人力资本本身也是经济社会发展的目标。第三，人力资本不等于人自身。人力资本依托于人自身而存在，但人力资本是通过教育、医疗保健等在人自身所积累的知识、技能和良好的身体素质等。第四，人力资本的形成主要取决于后天因素。遗传等相关自然因素在人力资本的形成中发挥的作用较小，教育、医疗保健和迁移等后天因素对人力资本的形成起到决定性的作用。

健康是人力资本的重要内容之一，是其他形式人力资本存在的载体和前提，没有健康人力资本或健康人力资本较差，教育等其他形式人力资本的作用将无法发挥或大打折扣。健康还是人类发展的目标，保障个人和社会的福利达到最大化。一般来说，尽管个体会采用医疗保健、运动和休息等措施不断提高和维持健康水平，但在成年以后，个体的身体机能便开始衰退，即健康人力资本与年龄增长呈现倒"U"形关系。健康人力资本具有重要的经济意义，因为更好的自评健康、更长的预期寿命、更低的患病率和死亡率不仅为其他形式的人力资本更好地发挥作用提供了载体，也意味着有更多的健康劳动力供给，且减少了因生病而损失的劳动时间以及因健康不佳导致的工作效率下降，而更多的健康劳动力数量、有效劳动时间的增加和工作效率的提升有助于提高总产出、带动经济增长。科技是经济增长的重要驱动力，科技进步是人类的智慧结晶，更高的健康人力资本可以促进科技进步，进而发挥科技带动经济增长的作用。更高的健康人力资本还意味着人均预期寿命的延长，这会增加个体退休后的时间，理性的个体会选择延迟退休、增加储蓄以保障退休后的生活质量，这有利于积累物质资本、发挥储蓄推动经济增长的作用。

健康人力资本的形成同样离不开投资。健康人力资本投资指通过医疗、营养、保健、锻炼和休息等恢复和提高个体的健康水平。结合健康的重要意义可知，健康人力资本投资关系到保障生命的存在、提高健康人力资本存量、为其他形式人力资本发挥作用提供载体，故在人力资本投资中占据首要地位。考虑到健康人力资本的重要价值，关注居民健康，不断提高居民健康水平，并改善健康在居民中的分布情况具有重要的现实意义。干净的食物、均衡的营养、良好的卫生条件和有利于健康的生活习惯均是健康人力资本投资的形式，其中，医疗卫生投入是增进健康人力资本最高效的投资途径。城乡居民基本医疗保险是医疗卫生体系的关键组成部分之一，研究城乡居民基本医疗保险对居民健康和健康不平等的影响极为必要，对增进国民健康人力资本和人力资本均有积极的意义。

2.2.2 自由与平等理论

诺贝尔经济学奖获得者阿马蒂亚·森在贫困研究领域取得了杰出成就。他打破了人们对贫困的传统认知，创造性地指出贫困的成因并不仅仅存在于经济层面，如经济价值的创造不足或收入分配不平等、无法获得权利或权利被剥夺也会造成贫困，即权利和可行能力的贫困。因此，阿马蒂亚·森提出，实现个体的自由发展是社会发展的目标，从而使个体获得更大的自由，尽可能避免其权利和可行能力被剥夺[①]。

除了贫困，在平等研究领域，阿马蒂亚·森同样取得了突破性成就。他超越了以往学者们仅从经济角度关注平等的局限，指出平等应涉及更多方面的内容，如各类权利的平等。与传统平等研究侧重于关注"为什么平等"相比，阿马蒂亚·森更倾向于探讨"什么是平等"。他进一步提出了更加广泛的平等度量标准，考察生存和发展的能力和权利是否实现了真正的平等，即"能力平等"。阿马蒂亚·森（2002）还提出了"可行能力"的概念，即"个体有可能实现的、各种可能的功能性组合"，基于"可行能力"可以实现个体认为值得做的各种事情或达到的状态，这是个体摆脱机会和权利被剥夺的最终途径，而要度量可行能力的实现与获取情况，可对个体之间的平等进行比较[②]。阿马蒂亚·森还将自由与个体全面发展相关联，指出自由是促进个体发展的重要手段，发展可视为个体在享受真实的自由，同时，个体发

---

① 马新文，2008. 阿玛蒂亚·森的权利贫困理论与方法述评 [J]. 国外社会科学（2）：69-74.

② 阿马蒂亚·森，2002. 以自由看待发展 [M]. 任赜，于真，译. 北京：中国人民大学出版社：62-63.

展也是为了实现全面的自由，即自由也是个体发展的重要目的①。实质性自由的提升即为个体可行能力的提高。

　　阿马蒂亚·森的自由和平等理论可以说颠覆了传统的公平、平等理论②。阿马蒂亚·森首先对平等主义进行了批判，认为平等主义过于强调经济上的绝对平均，甚至以经济平等作为其他方面平等的基础。他指出，平等主义忽视了相同经济条件的个体之间的异质性，例如，相同经济条件的个体面临的疾病风险可能不同，高疾病风险的个体医疗支出和福利损失均高于相同经济条件的低疾病风险个体。因此，经济平等并不会使个体间实现完全平等。阿马蒂亚·森（2006）对功利主义也予以批判，认为功利主义过于关注福利总和而忽视了不同分配方法导致的不同个体间的福利水平差异，这样的结果必然是反平等主义，所以以功利主义度量和评价不平等，效果较差③。此外，功利主义强调帕累托最优，最终会造成"帕累托最优不平等分配"，福利经济学以帕累托最优为基础，因关注的焦点十分狭窄故不适合研究不平等问题④。阿马蒂亚·森还对罗尔斯的正义论进行了评价，他对罗尔斯提出的"基本善"予以肯定，即保证人人充分享有最基本的人权，指出该思想在分析公民基本权利方面具有重要价值，但是罗尔斯忽略了个体之间天然存在的差异，如某些个体存在先天性缺陷导致他们无法公平享有某些权利以及使用这些权利带来的实际效用。阿马蒂亚·森认为自由与可行能力是衡量平等的可行框架。

　　阿马蒂亚·森的自由与平等理论对我们研究健康和健康不平等问题具有启发和指导意义。健康是可行能力的重要组成部分，且在可行能力中发挥着基础性的作用，健康也是"实质性自由"的重要内容和体现（朱俊生，2008）⑤。健康对于经济社会发展同时具备工具性和目标性作用，健康既有

　　① 胡琳琳，2004. 阿马蒂亚·森：《以自由看待发展》[J]. 公共管理评论（2）：167-170.

　　② 刘金伟，2009. 当代中国农村卫生公平问题研究 [M]. 北京：社会科学文献出版社：51-54.

　　③ 阿马蒂亚·森，2006. 论经济不平等/不平等之再考察 [M]. 王利文，于占杰，译. 北京：社会科学文献出版社：20.

　　④ 阿马蒂亚·森，2006. 论经济不平等/不平等之再考察 [M]. 王利文，于占杰，译. 北京：社会科学文献出版社：7.

　　⑤ 朱俊生，2008. 从社区融资到全民健康保障 [M]. 北京：中国劳动社会保障出版社：210-216.

助于促进经济社会发展，不断改善全体社会成员的健康状况也是经济社会发展的目标。在现实中，贫困等诸多因素导致某些群体无法有效享受医疗保健服务，从而限制了其健康潜能的发挥，导致不同群体健康差距扩大。事实上，这是贫困等诸多因素剥夺健康权利的表现，会造成某些群体缺乏可行能力，即"实质自由"受限。因此，消除影响不同群体获得医疗保健服务的因素，缩小不同群体间的健康差异，是扩展个体自由、提升个体可行能力的关键途径。需要进一步明确的是，影响群体充分享有健康权利的因素有很多，既有"可接受"变量（自然因素），也有"不可接受"变量（社会经济因素）。当群体间的健康状况在"可接受"变量作用下产生差异时，这种健康不平等是可以接受的。当群体间的健康状况受"不可接受"变量影响而产生差异时，此时的健康不平等程度较高且不可以被接受，且由于被"剥夺"了诸多能力，很多个体的健康潜能不能充分实现。因此，应研究"不可接受"变量对群体健康和健康不平等的影响，尽可能减少或限制"不可接受"变量对加剧群体健康不平等的消极影响。具体来说，城乡居民基本医疗保险的实施使城乡居民公平享受统一的基本医疗保险权利，更加有效地利用医疗服务资源，改善居民健康水平，将有助于保持整个社会健康公平，也有助于社会全体成员实现自由和发展。

2.2.3 卫生服务公平理论

公平正义是人类不懈追求的理想。《礼记》中描绘的大同社会蓝图"天下为公，选贤与能……老有所终，壮有所用，幼有所长，鳏、寡、孤、独、废疾者，皆有所养……"，提出了公平社会在选人用人、养老、教育、救助等方面的基本设想。孔子的"不患寡而患不均"言论，道出了社会政策公平的重要性。马克思主义的公平理论认为，"流通中发展起来的交换价值过程，是自由和平等的现实基础。从观念的角度来看，自由和平等是将交换价值过程各要素理想化的一种表现，从法律的、政治的和社会的关系角度来看，自由和平等不过是另一方的再生产物。"[①] 党的十九大报告指出，"必须

---

① 马克思，恩格斯，1980. 马克思恩格斯全集：第46卷：下册 [M]. 北京：人民出版社：477.

多谋民生之利、多解民生之忧，在发展中补齐民生短板、促进社会公平正义"，"必须始终把人民利益摆在至高无上的地位，让改革发展成果更多更公平惠及全体人民"，"完善公共服务体系，保障群众基本生活，不断满足人民日益增长的美好生活需要，不断促进社会公平正义……"在各种关于公平正义的论述中，罗尔斯的正义论广为人知。在《正义论》中，罗尔斯提出"正义是社会制度的首要价值，正如真理对于理论那样，某种理论若是不真实的，纵然它是精致及简洁的，必须对其进行拒绝或修正；一些社会制度，只要不正义，无论它多么有效率和条理，必须予以废除或修订。①"罗尔斯认为"社会的基本结构是正义的主要问题，更具体地看则是社会主要制度分配基本权利和义务，对选取何种方式划分社会合作所产生的利益做出决定。②"罗尔斯的正义观发展为正义二原则③。第一个原则的内容是每个人对所有人所拥有的最广泛的与基本自由体系相容的类似自由体系都应有一种平等的权利，即在拥有同等自由的条件下，使每个人拥有最大的自由，也被称为平等自由原则。第二个原则是在机会平等的条件下，一定的不平等可以存在，且社会的和经济的不平等应使受益最少者能获得最大利益；在机会公平平等的条件下，职务和地位向所有人开放，即机会公平平等和差别原则。罗尔斯的正义论认为，不能为了多数人的利益而侵犯少数人的利益，不追求绝对的平等，旨在保护弱势群体。

丹尼尔斯将罗尔斯的正义论延伸到医疗卫生领域，形成了丹尼尔斯卫生公正论。该理论主要包括两部分：一是机会公平均等；二是合理且最低限度的医疗保健权利。

（1）机会公平均等

罗尔斯的正义论强调每个人都应该在社会资源分配上具有平等的机会。身患疾病的人与身体健康的人相比，在竞争上是不公平的，至少在健康方面缺乏竞争力，即疾病会对个人获得社会资源的机会产生极大的消极影响。机会公平均等要求消除并非由当事人造成的不幸或不平等，使当事人与其他人

---

① 约翰·罗尔斯，1988. 正义论［M］. 何怀宏，何包钢，廖申白，译. 北京：中国社会科学出版：3.

② 约翰·罗尔斯，1988. 正义论［M］. 何怀宏，何包钢，廖申白，译. 北京：中国社会科学出版：7.

③ 约翰·罗尔斯，1988. 正义论［M］. 何怀宏，何包钢，廖申白，译. 北京：中国社会科学出版：302.

一样享受同等与公平的机会。所以，丹尼尔斯提出使每个人都能够享受公平均等的医疗服务机会，使他们的身体各项功能都可以正常运作，是正义社会必备的条件。丹尼尔斯认为，应建立一套医疗保健体系，使每个人能够接受医疗服务，维持个人身体正常的功能，以排除影响个人公平竞争机会的自然因素，保障人人都有公平均等的机会参与社会竞争。城乡居民基本医疗保险整合的目的在于通过统一城乡居民的参保缴费政策和保障待遇，使城乡居民公平享有基本医疗保险权利，以逐步缩小城乡居民间基本医疗服务利用和健康水平的差异，实现全民健康，从而尽可能排除疾病对每个人平等参与社会竞争的影响。

（2）合理且最低限度的医疗保健权利

丹尼尔斯认为医疗保健是一种权利，每个人都有权利使用医疗保健以排除阻碍个人享有公平均等机会的自然因素[1]。能够得到合理辩护的医疗保健权利应该符合以下要求，首先应符合为人们所广泛认可的社会配给公平理论，同时应在公正的医疗保健体系中实现这一权利[2]。医疗保健资源是有限的，丹尼尔斯提出"医疗保健权利应该是合理且是最低限度的"，即社会要从其经济能力出发，结合政策及其他相关条件，提供医疗保健资源，保障每个人基本的医疗保健需求，有效降低疾病产生的消极影响，使每个人的身体各项功能正常运作。每个人只有拥有最基本的健康，才能拥有与其他人公平竞争的均等机会。"合理且最低限度的医疗保健权利"关键在于，社会予以保障的医疗保健权利仅限于维持个人身体各项功能处于正常状态。在中国，社会保险重在"保基本"，即帮助社会成员维持基本生活水准。就社会医疗保险而言，实施城乡居民基本医疗保险的目的在于满足城乡居民基本医疗服务需求，即保障城乡居民合理且最低限度的医疗保健权利。

丹尼尔斯后期结合卫生公正论在发达国家和发展中国家的实践经验，对卫生公正论进行了补充和修正。丹尼尔斯指出医疗保健之所以具有特殊道德重要性，原因在于保护健康意味着保护机会，而保护健康的主要手段就是医疗保健，医疗保健不平等的后果是健康不平等；另外，评价满足健康需求重

---

① Norman Daniels, 1985. Just health care ［M］. New York：Cambridge University Press：4.

② Norman Daniels, 1985. Just health care ［M］. New York：Cambridge University Press：5.

要性的关键在于机会所受到的影响。丹尼尔斯还注意到，要确保健康，不能只是关注医疗保健权，还需关注其他社会因素（如收入、教育、社会阶层等）对健康的影响，这些社会因素具有可控制性，因而存在资源分配公平的问题。丹尼尔斯进一步提出"健康不平等在何时是不公正的"这一问题，即需要掌握是哪些因素或社会政策导致健康不平等扩大，解决这一问题是缩小健康不平等的关键。由于新型农村合作医疗和城镇居民基本医疗保险在报销起付线、封顶线、定点医疗机构、医保药品和医疗服务项目目录上有所不同，这可能会导致农村居民与城市居民在患同种疾病的情况下选择不同的医疗保健服务，由此造成城乡居民健康水平的差距拉大，即加剧健康不平等，当然健康不平等还受其他因素影响。丹尼尔斯的卫生公正论为研究城乡居民基本医疗保险对健康不平等的影响具有重要的指导意义。

3

居民基本医疗保险的
发展历程与实施状况

本章关注居民基本医疗保险的发展历程及居民基本医疗保险的实施情况。本章包括两节：第一节分析居民基本医疗保险的发展历程，首先介绍农村合作医疗制度，包含从计划经济时期开始实施的老农村合作医疗制度及在2003年开始实施的新型农村合作医疗制度，随后介绍在城镇非从业居民中实行的城镇居民基本医疗保险，以及近年来将新型农村合作医疗和城镇居民基本医疗保险整合形成的城乡居民基本医疗保险制度，最后总结居民基本医疗保险的发展特点。第二节从参保人数、筹资水平、保障能力和管理服务四方面介绍居民基本医疗保险的实施情况。认识居民基本医疗保险的发展历程和实施情况，有助于以后章节进一步分析城乡居民基本医疗保险对居民健康和健康不平等的影响。

3.1 居民基本医疗保险的发展历程

我国目前实行的城乡居民基本医疗保险是由原有的新型农村合作医疗和城镇居民基本医疗保险整合而来的，因此，要探索城乡居民基本医疗保险的发展历程，首先要分析新型农村合作医疗和城镇居民基本医疗保险的发展历史。

3.1.1 农村合作医疗制度

新中国成立以来，农村合作医疗制度经历了老农村合作医疗和新型农村合作医疗两个阶段。

（1）老农村合作医疗制度

老农村合作医疗制度是为满足农民防病治病需求，由农村集体和农民集资，为农民提供低费医疗保健服务的互助互济制度，是受农村合作化运动启发的产物。成立于1955年5月的山西高平米山乡联合保健站可以看作是农村合作医疗制度的雏形，米山乡联合保健站由农业生产合作社和农民集资，以预防为主，向农民提供卫生保健服务。1955年11月，卫生部肯定了米山乡联合保健站的做法，并要求将这一成功经验在全国推广。20世纪60年代，随着国家卫生工作重点转向农村，合作医疗制度在农村普遍实行，为农民享受基本医疗保障提供了条件。1968 年，毛泽东肯定了湖北长阳土家族自治县乐园公社开展合作医疗取得的经验，并指出合作医疗"是医疗战线上的一场大革命"，称赞"合作医疗好"①。在全国农村推广实施合作医疗，"解决了贫下中农看不起病、买不起药的苦难"②。截至 1976 年年底，全国 90% 的行政村实现了合作医疗制度的推行，在农民中卫生保健服务覆盖率高达 85% 及以上③。农村合作医疗发展遵循"由下至上"的模式，首先由农民自主探索实践，随后走上制度化发展道路。1978 年通过的《中华人民共和国宪法》提出，"国家逐步发展社会保险、社会福利、公费医疗和合作医疗等事业，以保证劳动者享受这种权利"。次年，卫生部、农业部等联合出台的《农村合作医疗章程（试行草案）》对农村合作医疗做出定义："人民公社社员依靠集体力量，在自愿互助基础上建立起来的一种社会主义性质的医疗制度，是社员群众的集体福利事业。"从此，农村合作医疗制度得以确立。

老农村合作医疗制度的产生和发展依托集体经济。1978 年改革开放后，农村的人民公社制度被家庭联产承包责任制所取代，随着农村集体经济解体，老农村合作医疗制度所依托的经济基础不复存在。国家卫生工作重点由农村转为农村与城市并重，实际工作中重点更多偏向城市。在此背景下，农村合作医疗逐渐衰退，到 1986 年全国仅有 4.8% 的行政村仍在实行合作医疗④。老农村合作医疗制度的衰退，对农村卫生事业和农民健康带来了严重的负面影响。农村卫生保健工作明显走下坡路，缺医少药的情况日益严重，一些已被消灭的传染病、地方病"卷土重来"，农民健康水平呈下降趋势。农民看病就医只能依靠家庭自费保障，随着医疗服务和药品价格上涨，农民看病难、看病贵和因病致贫现象层出不穷。农村医疗卫生形势日益严峻，恢复农村合作医疗刻不容缓。

20 世纪 90 年代，党和国家为恢复重建农村合作医疗制度做出持续不断

① 中共中央文献研究室，1998. 建国以来毛泽东文稿：第 12 册 [M]. 北京：中央文献出版社：604.

② 宜昌地区革命委员会调查组，1968. 深受贫下中农欢迎的合作医疗制度 [N]. 人民日报，12-5 (1).

③ 周寿祺，2002. 探寻农民健康保障制度的发展轨迹 [J]. 国际医药卫生导报 (6)：18-19.

④ 朱玲，2000. 政府与农村基本医疗保健保障制度选择 [J]. 中国社会科学 (4)：89-99，206.

的努力。1993 年，党的十四届三中全会做出的《关于建立社会主义市场经济体制若干问题的决定》以及第八届全国人民代表大会历次会议均提出，要因地制宜发展并完善农村合作医疗制度。1996 年 7 月，在 19 个省级和 183 个县级行政单位进行农村合作医疗试点。1996 年，全国卫生工作会议肯定了合作医疗的历史价值和现实价值，并指出发展和完善农村合作医疗制度是农村卫生工作的重中之重。1997 年，中共中央和国务院下达的《关于卫生改革与发展的决定》对发展和完善农村合作医疗制度再次给予高度重视。1999 年，国务院批准《关于改革和加强农村医疗卫生工作的请示》，提出农村合作医疗制度的推行应稳扎稳打，为农民享有基本卫生保健提供社会保障。

（2）新型农村合作医疗制度

农业、农村、农民问题是关系国计民生的根本问题，农民基本医疗需求的有效满足事关全面建成小康社会目标的实现。改革开放以后，国家为恢复老农村合作医疗制度做出了不懈努力，但结果却不尽如人意[①]。在 2002 年，中共中央和国务院下达《关于进一步加强农村卫生工作的决定》，提出全国农村应于 2010 年建立起以大病统筹为主的新型农村合作医疗制度和医疗救助制度，为农民初级卫生保健的享有提供保障，重点应对农民因病致贫、返贫问题。2003 年，《关于建立新型农村合作医疗制度的意见》（后文简称《意见》）对新型农村合作医疗制度进行了明确规定，是由政府组织、引导、支持，农民自愿参加，个人、集体和政府多方筹资，以大病统筹为主的农民医疗互助共济制度。新型农村合作医疗与老农村合作医疗的不同之处在于，老农村合作医疗是农民集体互助，新型农村合作医疗是政府和参保农民共同出资的社会医疗保险。《意见》从组织管理、筹资标准、资金管理以及医疗服务管理等方面规定了新型农村合作医疗制度的具体内容。具体来看，新型农村合作医疗一般实行县（市）统筹；筹资由农民个人缴费和政府补助相结合，各地可结合当地实际情况适当提高缴费和补助标准，有条件的乡村可由集体出资给予适当的支持；基金由农村合作医疗管理委员会及其经办

---

① 仇雨临，2019. 中国医疗保障 70 年：回顾与解析 [J]. 社会保障评论，3（1）：89-101.

机构进行管理，主要用于对参保农民大额医疗费用或住院医疗费用进行报销；选择优质农村卫生机构作为新型农村合作医疗的定点卫生服务机构，对定点卫生服务机构进行监管，以保证医疗服务质量并控制医疗支出。《意见》要求，从2003年开始，各省（自治区、直辖市）至少选取2～3个县（市）进行新型农村合作医疗试点，之后逐步推广，全国预期在2010年普及新型农村合作医疗。随后，新型农村合作医疗试点工作得以循序渐进地开展。

卫生部等于2006年发布的《关于加快推进新型农村合作医疗试点工作的通知》（后文简称《通知》）提到，2006年和2007年，全国新型农村合作医疗试点县（市、区）占全国县（市、区）的比例分别达到40%和60%，全国在2008年基本推行新型农村合作医疗，到2010年实现新型农村合作医疗对全国农民的覆盖率达到100%。《通知》还提出，要加大中央和地方财政对参加新型农村合作医疗农民的补助力度，以提升新型农村合作医疗的保障水平；不断完善基金筹集和监管，对参加新型农村合作医疗农民的医疗费用补偿方案进行优化；不断提升新型农村合作医疗经办机构的工作能力，为参保农民提供更加高效、便捷的服务；有效衔接新型农村合作医疗与农村医疗救助，帮助贫困农民解决看病难题；最后，对加强农村医疗服务监管和农村医药卫生工作做出了规定。

2008年，在第十一届全国人大常委会第六次会议上，《社会保障法（草案）》将新型农村合作医疗纳入其中，这标志着新型农村合作医疗得以在国家法律保障下发展。2010年，中共中央和国务院发布的《关于深化医药卫生体制改革的意见》中提出，要"全面实施新型农村合作医疗制度，逐步提高政府补助水平，适当增加农民缴费，提高保障能力"。从2003年开始试点，新型农村合作医疗在全国范围内得到了快速推广与普遍实施，新型农村合作医疗筹资水平和财政补贴标准均不断提升，保障力度逐步增强。

3.1.2　城镇居民基本医疗保险

计划经济时期，我国在城镇推行的医疗保险制度有两类，分别是针对国家机关、事业单位工作人员的公费医疗制度及针对城镇企业职工的劳保医疗制度。

就公费医疗而言，1952 年、1953 年相继出台的《国家工作人员实行公费医疗预防的指示》《国家工作人员公费医疗预防实施办法》《卫生部关于公费医疗的几项规定》详细规定了公费医疗的具体实施办法，公费医疗制度逐步得以确立。公费医疗制度实施初期的保障对象涵盖国家机关、事业单位工作人员和革命残废军人，随着公费医疗的发展，保障对象范围得到扩大并涵盖了外国专家、国家机关退休人员等。公费医疗所需费用由国家承担，财政部门根据单位编制人数核定公费医疗待遇预算额，统一拨付给各级卫生主管部门并由其统筹支配，用来支付公费医疗保障对象的医疗医药支出。

就劳保医疗而言，1951 年劳动保险条例的颁布标志着劳保医疗制度的正式建立。关于劳保医疗的保障对象，在 1955 年前主要是全民所有制企业的职工，1956 年社会主义改造基本完成后，逐步将二轻系统合作工厂、乡镇企业及县级以上集体企业的职工纳入保障对象范围。劳保医疗是劳动保险的重要组成部分，劳保医疗的费用由企业负担，从职工的工资总额中提取，属于职工福利基金，列入企业成本。职工的医疗医药费用由劳保医疗支付，根据是否属于工伤以及工资工龄等，劳保医疗支付的范围和数额有所差异。

当时没有设立专门针对城镇居民的医疗保险制度，公费医疗和劳保医疗均覆盖了参保人亲属。以劳保医疗为例，职工供养的直系亲属患病时，企业或资方承担一半的手术费及普通药费①。

由于公费医疗和劳保医疗的保障范围较广，保障内容较多，医疗和医药费用支出不断攀升，企业和财政的负担日益沉重。从 20 世纪 60 年代开始，政府对公费医疗和劳保医疗进行了调整，如要求职工个人承担非工伤患病的挂号费和出诊费，缩小对职工或机关事业单位工作人员直系亲属的医疗保障范围。然而，这些调整并没有从根本上改变国家和单位对医疗保险大包大揽的情况，无法有效约束医疗费用支出无序增长和医疗资源浪费等问题。

改革开放后，为适应社会主义市场经济体制改革，促进医疗保险制度可持续发展，开始探索建立多方责任分担的社会化职工医疗保险制度。卫生

---

① 仇雨临，2019. 中国医疗保障 70 年：回顾与解析［J］. 社会保障评论，3（1）：89-101.

部、财政部和劳动部等八部门在 1988 年联合研究社会医疗保险改革方案。1989 年，国务院批准在四平、丹东、黄石和株洲四地进行医疗保险改革试点，在深圳市和海南省进行社会保障综合改革试点。1993 年，党的十四届三中全会通过《中共中央关于建立社会主义市场经济体制若干问题的决定》，要求优化社会保障制度，就医疗保险而言，在资金来源上由单位和个人共同缴纳医疗保险费用，在资金管理上由社会统筹账户和个人账户相结合。国务院于 1994 年批准在江苏省镇江市、江西省九江市开展统账结合的职工基本医疗保险试点工作。1996 年，在总结"两江"试点经验的基础上，新增 56 个职工医疗保险试点城市。在充分试点的基础上，国务院于 1998 年颁发《关于建立城镇职工基本医疗保险制度的决定》，正式废除公费医疗和劳保医疗，在全国范围实行城镇职工基本医疗保险制度。

随着城镇职工基本医疗保险制度的建立，之前受劳保医疗和公费医疗保障的城镇非从业居民处于医疗保障缺失状态。针对城镇非从业居民对医疗保障的需求，国务院于 2007 年发布《关于开展城镇居民基本医疗保险试点的指导意见》，决定采取个人缴费和财政补助相结合的筹资方式，通过试点建立城镇居民基本医疗保险制度。2007 年在 79 个城市启动城镇居民基本医疗保险试点，2008 年新增 229 个试点城市，并于 2009 年在全国推开。从总体来看，城镇居民基本医疗保险制度设计与新型农村合作医疗极为相似，两者在缴费标准、医疗费用报销范围、起付线、报销比例、封顶线和定点医疗机构上有所差异。此外，在有条件的地区，城镇居民基本医疗保险可以循序渐进的方式尝试实行门诊医疗费用统筹。

3.1.3 城乡居民基本医疗保险

自 2003 年在农村居民中试点实行新型农村合作医疗，2007 年在城镇居民中开展城镇居民基本医疗保险试点，在制度上，社会医疗保险已对城乡居民实现了全覆盖，对城乡居民抵御疾病风险发挥了关键作用。然而，新型农村合作医疗和城镇居民基本医疗保险是两套不同的制度，带有明显的"城乡分割"特点，是城乡二元结构在医疗保险领域的体现。城乡居民享受的基本医疗保险权益存在较大差别，"碎片化"的医疗保险制度也对医疗服务和医疗保险管理工作增加了不少难度，这均不利于医疗保险制度的可持续发展。为了促使医疗保障体系朝着更加公平、可持续的方向发展，让城乡居民享受到公平的基本医疗保险权益，逐步实现健康公平，建立统一的城乡居民基本医疗保险势在必行。

在 2009 年出台的《中共中央 国务院关于深化医药卫生体制改革的意见》标志着新医改的启程。在这份文件中首次提到"探索建立城乡一体化的基本医疗保障管理制度"。2010 年颁布的社会保险法第六十四条规定，除基本养老保险基金逐步实行全国统筹，医疗保险等其他社会保险基金逐步实行省级统筹。人力资源和社会保障部副部长胡晓义在 2012 年召开的"中国社会保障 30 人论坛年会"上提出，"要在政策、制度、体制层面加快推进社会保障城乡统筹"。2012 年出台的《"十二五"期间深化医药卫生体制改革规划暨实施方案》提到，"加快建立统筹城乡的基本医保管理体制，有条件的地区探索建立城乡统筹的居民基本医疗保险制度"。党的十八大报告在统筹城乡社会保障体系的基础上，进一步提出要促进城乡居民基本医疗保险制度整合。部分地区结合当地经济社会发展情况，对城乡居民基本医疗保险整合进行了实践探索。截至 2015 年年底，重庆、天津、广东、浙江、山东、青海、宁夏、上海 8 个省级行政单位和新疆生产建设兵团，以及其他省份 39 个地级市实现了城乡居民基本医疗保险的整合。国务院于 2016 年 1 月出台了《关于整合城乡居民基本医疗保险制度的意见》，在顶层设计上对新型农村合作医疗与城镇居民基本医疗保险整合进行了规定，旨在系统地推动统一的城乡居民基本医疗保险制度的建立。城乡居民基本医疗保险整合体现在统一覆盖范围、统一筹资政策、统一保障范围和支付标准、统一医保药品目录和医疗服务项目目录、统一医保定点机构管理和统一基金管理。除此之外，城乡居民基本医疗保险整合还将逐步实现市（地）级统筹，在医疗保险信息系统、医保支付方式以及医疗服务监管等方面不断进行优化，以提高城乡居民基本医疗保险的服务效率和质量。

党的十九大报告再次强调"完善统一的城乡居民基本医疗保险制度和大病保险制度"是加强社会保障体系建设的重要内容。截至 2019 年 5 月，全国已有 24 个省建成了统一的城乡居民基本医疗保险制度，还有 7 个省仍然是新型农村合作医疗和城镇居民基本医疗保险两项制度并轨运行。2019 年 5 月，国家医疗保障局、财政部印发《关于做好 2019 年城乡居民基本医疗保障工作的通知》（医保发〔2019〕30 号），要求新型农村合作医疗和城镇居民基本医疗保险并轨运行的省份应加快整合力度，2019 年年底前建成统一的城乡居民基本医疗保险制度。

3.1.4 三项医保制度的发展特点

（1）从碎片化走向整合，公平性不断提高

计划经济时期，农村居民通过合作医疗制度获得医疗保障，国家机关、事业单位工作人员通过公费医疗制度获得医疗保障，城市非从业居民依靠直系亲属的公费医疗或劳保医疗享受医疗保障，这三项医保制度是分割的。同时，这三项制度内部的分割也是显而易见的。其中，农村合作医疗是农村集体内部农民的互助保障，公费医疗是国家财政予以保障，劳保医疗是单位提供保障。农村合作医疗和劳保医疗由于统筹范围较窄，实际上在各自的制度内部存在着无数彼此分离的小制度。城乡居民享有的基本医疗保险碎片化且统筹范围较窄，既不利于风险分担，也造成了不同身份群体享受的医疗保障待遇千差万别，基本医疗保险制度公平性缺失。

随着集体经济解体，农村合作医疗制度逐渐"名存实亡"，难以承担起保障农村居民基本医疗需求得以满足的重任。国家在 2003 年开始了新型农村合作医疗试点工作并在全国进行循序渐进式的推广。新型农村合作医疗与老农村合作医疗相比，扩大了统筹范围，由国家、集体、农民三方负担医疗保险费。随着城镇职工基本医疗保险制度的确立，劳保医疗和公费医疗被废除，城镇非从业居民的医疗保障在一段时间内处于缺位状态。2007 年，国家在城镇居民中开始试点并渐进式推广城镇居民基本医疗保险。在新型农村合作医疗与城镇居民基本医疗保险的共同作用下，在制度上分别对农村居民和城镇居民实现了全覆盖。然而，分别针对城乡居民设立的两种医疗保险制度导致城乡居民因身份的不同而无法享受相同的医疗保险权利，再次造成了城乡居民医疗保障制度的碎片化。这是社会医疗保险制度公平性缺失的表现，也不利于制度的可持续发展。

因此，国家开始促进新型农村合作医疗和城镇居民基本医疗保险整合，形成统一的城乡居民基本医疗保险。具体来看，城乡居民基本医疗保险使全体非从业城乡居民被纳入统一的社会医疗保险，同一统筹范围内的城乡居民按统一标准缴纳医疗保险费并享受统一的保障范围和医疗保险报销标准，参保城乡居民使用统一的医保药品和医疗服务项目目录，在统一的医保定点机构接受诊疗等。这些措施既降低了原有分别适用于城镇和农村居民的基本医疗保险制度的碎片化，也提高了基本医疗保险制度的公平性。

　　（2）责任主体多元化，逐步走向社会统筹

　　在计划经济时期，农村合作医疗由农民和村集体筹资，国家不承担筹资责任。为城市居民提供医疗保障的劳保医疗和公费医疗，主要由企业和财政负担医疗保险费用，个人无须缴费。从 2003 年开始试点的新型农村合作医疗，由国家、集体和农民三方共同筹资，所筹资金进入个人账户和社会统筹账户，统筹范围也从老农村合作医疗制度的村集体或公社统筹，逐步扩展为县、市级统筹。从 2007 年开始试点的城镇居民基本医疗保险，筹资模式与新型农村合作医疗相似，由个人缴费与国家补贴相结合，设立个人账户和社会统筹账户。医疗保险筹资模式的变化，反映了政府和个人在医疗保险中承担的责任逐渐合理化，也表明适用于城乡居民的基本医疗保险逐步走向社会统筹模式。

　　（3）从单位内部分散化管理走向社会集中管理

　　在社会化的医疗保险制度建立之前，各个企业经办本企业的劳保医疗业务，财政统一管理公费医疗，各个农村合作社负责本合作社的合作医疗事宜。三项医疗保险制度的管理工作虽由不同的机构负责，但相同点在于都是单位或集体管理职能的一部分。随着城镇职工基本医疗保险制度的确立，医疗保险的管理职能从企业、单位脱离，由人力资源和社会保障部门集中统一经办。2003 年试点并推广的新型农村合作医疗起初由卫生部管理，2007 年试点并推行的城镇居民基本医疗保险经办业务起初由人力资源和社会保障部门负责，不同部门经办城镇和农村居民的基本医疗保险造成了居民基本医疗保险在管理上的碎片化，这也加剧了制度分割和部门利益固化。2018 年机构改革，原来分散在人社部、卫计委、国家发改委、民政部等部门的与社会医疗保险相关的职能被整合并组建医疗保障局，新型农村合作医疗和城镇居民基本医疗保险的经办业务由新成立的医疗保障局统一管理。

3.2 居民基本医疗保险的实施状况

本节阐述居民基本医疗保险实施状况，包括始于 2003 年针对农村居民试点推广的新型农村合作医疗、2007 年试点实施的针对城镇非从业居民的城镇居民基本医疗保险，以及 2016 年以来整合的城乡居民基本医疗保险。目前，针对城乡居民的基本医疗保险制度已较为成熟，对保障城乡居民基本医疗需求和健康发挥着关键作用。

3.2.1 参保人数逐年增加

自 2003 年试点以来，新型农村合作医疗参保人数从 2003 年的 0.44 亿人迅速增长到 2010 年的 8.36 亿人。随后，新型农村合作医疗参保人数逐年下降，到 2017 年、2018 年稳定在 1.3 亿人左右。自 2007 年试点以来，城镇居民基本医疗保险参保人数从 2007 年的 0.43 亿人逐年增长到 2016 年的 4.49 亿人。从图 3-1 中可以看出，从 2009 年起（除 2016 年），新型农村合作医疗和城镇居民基本医疗保险的参保总人数稳定在 10 亿人左右，说明基本医疗保险对城乡居民基本实现全覆盖。这一方面是由于相关部门对新型农村合作医疗和城镇居民基本医疗保险的大力推广，另一方面也表明城乡居民对基本医疗保险存在较大的需求，以及针对城乡居民的基本医疗保险制度实施效果较好，吸引了众多城乡居民参保。

此外，2010 年以后，新型农村合作医疗和城镇居民基本医疗保险参保人数存在此消彼长的关系。联系现实可知，这一方面是因为城镇化和经济发展，一部分农村居民转变为了城市居民，从之前参加新型农村合作医疗转为参加城镇居民基本医疗保险；另一方面是由于城乡居民基本医疗保险整合工作的探索和推进。在 2016 年之前，只是部分省份和地市在探索城乡居民基本医疗保险整合，2016 年国务院出台《关于整合城乡居民基本医疗保险制度的意见》，要求在全国范围内开展城乡居民基本医疗保险整合工作。2016

年，城镇居民基本医疗保险参保人数首次超过新型农村合作医疗参保人数。从 2017 年开始，不再统计城镇居民基本医疗保险的参保人数，而是统计整合后的城乡居民基本医疗保险参保人数。在 2017 年、2018 年，城乡居民基本医疗保险参保人数分别为 8.74 亿人、8.97 亿人（如图 3-1 所示）。随着 2019 年年底城乡居民基本医疗保险整合工作的完成，城乡居民基本医疗保险参保人数预计在 10 亿人左右。

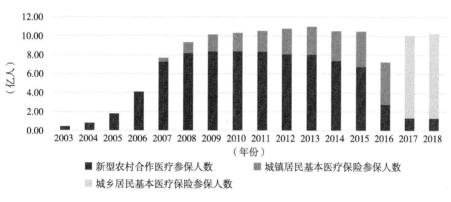

图 3-1　2003—2018 年居民参加基本医疗保险情况

数据来源：《中国卫生和计划生育统计年鉴（2003—2018）》、《2017 年度人力资源和社会保障事业发展统计公报》、《2018 年全国基本医疗保障事业发展统计公报》。

3.2.2　筹资水平逐年提升

新型农村合作医疗和城镇居民基本医疗保险均采用"个人缴费+政府补贴"的筹资模式。新型农村合作医疗实施初期的 2003—2007 年，个人缴费标准保持为 10 元/年，财政补助标准从 2006 年开始由最初的 20 元/年增长为 40 元/年。在 2007 年开始试点推广的城镇居民基本医疗保险，其个人缴费和人均财政补助标准与新型农村合作医疗大致相同，个人缴费标准从 2007 年的 10 元/年增长为 2018 年的 220 元/年，财政补助标准也随之上涨，从 2007 年的 40 元/年提高到 2018 年的 490 元/年，如表 3-1 所示。居民基本医疗保险筹资水平逐年提升，不仅反映了物价总水平的上涨，还反映了城乡居民对医疗保障需求的增加，以及政府不断提高对医保的财政投入，以满足城乡居民日益增长的医疗保障需求。

表 3-1 2003—2018 年居民基本医疗保险筹资水平 （单位：元/年）

年份	个人缴费标准	财政补助标准
2003	10	20
2004	10	20
2005	10	20
2006	10	40
2007	10	40
2008	20	80
2009	20	80
2010	30	120
2011	50	200
2012	60	240
2013	70	280
2014	90	320
2015	120	380
2016	150	420
2017	180	450
2018	220	490

注：2003—2006 年为新型农村合作医疗数据，2007 年及以后为新型农村合作医疗和城镇居民基本医疗保险的共同数据。

资料来源：相关年份《关于做好新型农村合作医疗工作的通知》以及《关于做好城镇居民基本医疗保险工作的通知》财政补助和个人缴费标准。

3.2.3 保障能力不断增强

从图 3-2 可得，2012 年，居民基本医疗保险基金收入 877 亿元，基金支出 675 亿元，基金结余率为 23%；2018 年，居民基本医疗保险基金收入 6 971 亿元，基金支出 6 277 亿元，基金结余率为 10%。7 年间，居民基本医疗保险基金收入和支出分别增加了 6.95 倍、8.30 倍，2018 年居民基本医疗保险基金累计结存 4 372.3 亿元，这表明居民基本医疗保险基金收支规模不断扩大，保障能力不断增强。

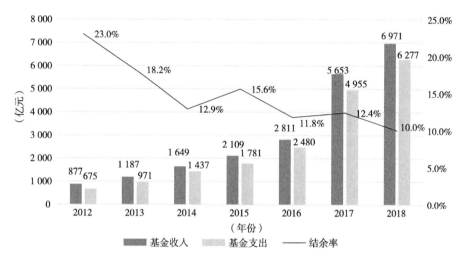

图 3-2 居民基本医疗保险基金收支情况

资料来源：《2018 年全国基本医疗保障事业发展统计公报》。

图 3-3 显示，居民基本医疗保险受益人次从 2012 年的 2.32 亿人次逐年迅速增长到 2018 年的 16.19 亿人次，7 年间增长了近 6 倍。以 2018 年为例，当年居民基本医疗保险参保人数为 10.27 亿人，医保受益人次为 16.19 亿人，约为当年参保人数的 1.58 倍，即该年度平均每位参保居民大约享受医疗费用补偿 1.58 次。从 2012 到 2018 年，参保居民次均受益额也呈增长趋势，从 2012 年的 290.95 元增长到 2018 年的 387.71 元。

就居民基本医疗保险基金对参保者在政策范围内医疗费用支出的报销比例而言，2009 年城镇居民基本医疗保险和新型农村合作医疗对参保者在政策范围内的住院费用报销比例均为 55%，2018 年的报销比例与 2009 年相比得到了明显提升，居民基本医疗保险对参保者在政策范围内住院费用支出的报销比例达到 65.6%。《关于做好 2019 年城乡居民基本医疗保障工作的通知》（医保发〔2019〕30 号）提出，要巩固提高政策范围内住院费用报销比例，以及降低大病保险起付线，将大病保险政策范围内报销比例由 50% 提

图3-3 居民基本医疗保险受益人次与次均受益额

资料来源:《2018年全国基本医疗保障事业发展统计公报》。

高至60%。

就医疗保险报销封顶线而言,根据国务院《医药卫生体制改革近期重点实施方案(2009—2011年)》,2010年城镇居民基本医疗保险的报销封顶线提高到居民可支配收入的6倍左右,新型农村合作医疗的报销封顶线提高到农民人均纯收入的6倍以上。2012年新型农村合作医疗报销封顶线进一步提高到全国农民年人均纯收入的8倍以上。

居民基本医疗保险基金收支规模和累计结存逐年扩大,受益人次和次均受益额逐年增长,医疗保险基金对参保者在政策范围内医疗费用支出的报销比例得到了巩固和提升,医疗保险报销封顶线随着经济社会发展也得到了上调。这些情况都表明,伴随着居民基本医疗保险制度的发展,其保障能力不断增强,保障水平稳步提升,城乡居民医疗需求逐步得以释放,这将进一步满足居民医疗需求并改善居民健康体质。

3.2.4 管理服务不断完善

从经办机构情况来看,随着城乡居民基本医疗保险整合工作的开展,居民基本医疗保险经办机构不断得到整合和精简,2016年居民基本医疗保险经办机构比 2015 年减少了 43 个。从居民基本医疗保险经办工作人员构成来看，2016 年拥有大学本科及以上学历占比达 58.52%，专业技术人员和业务人员占比达到 87.73%。《关于整合城乡居民基本医疗保险制度的意见》（国发〔2016〕3 号）以及《关于做好 2019 年城乡居民基本医疗保障工作的通知》（医保发〔2019〕30 号）均对改进居民基本医疗保险管理服务做出了规定。居民基本医疗保险经办服务在持续优化，实现了即时结算以及电子化一体化结算，医保支付方式得到了不断改革，异地就医直接结算和医保转移接续工作基于信息技术得到了不断改进。居民基本医疗保险经办机构的整合和精简有利于提供一体化的经办服务，经办机构工作人员学历和专业技术水平的提升确保了医疗保险经办工作的质量和效率，经办服务的持续优化使居民基本医疗保险更加便民利民、为参保居民提供更好的参保体验。

城乡居民基本医疗保险
对居民健康的影响

本章是本项研究的核心章节之一，包括两节，关注居民健康状况以及城乡居民基本医疗保险对居民健康的影响。第一节介绍居民健康状况。首先，选取可能影响居民健康的指标，按照是否参加城乡居民基本医疗保险将样本分为两类，并对相关变量进行描述性分析。之后，从不同年份、不同户籍、不同性别、不同年龄和不同参保情况五个角度考察居民的健康水平与特点。第二节重点分析城乡居民基本医疗保险对居民健康影响的估计结果。第一，构建用于分析城乡居民基本医疗保险对居民健康影响的模型。第二，利用Probit 模型和最小二乘法（OLS）分别进行基准回归，检验城乡居民基本医疗保险对居民健康的影响，并进一步检验城乡居民基本医疗保险对不同户籍、不同性别和不同年龄居民健康影响的差异。

4.1 居民健康状况

4.1.1 居民健康的影响因素

在分析城乡居民基本医疗保险对居民健康的影响、度量并分解居民健康不平等之前，我们首先根据中国健康与养老追踪调查数据，将可能影响居民健康的控制变量进行提取，具体有如下三项内容的特征。

首先，居民的个体特征。人的年龄和性别是健康研究中最常见的控制变量。诸多研究证实，人的年龄是影响健康的重要因素[1][2]，且对健康的影响可能是非线性的[3]。Grossman（1972）提出"当一个人开始衰老时，他的健康资本存量也逐渐贬值"[4]。结合实际情况也可以得出，人在成年之前身体机能不断增强，而成年以后身体机能逐渐衰退，健康状况开始变差。由于男

---

① 梁童心，齐亚强，叶华，2019. 职业是如何影响健康的？：基于 2012 年中国劳动力动态调查的实证研究 [J]. 社会学研究，34（4）：193-217，246.

② 孟琴琴，张拓红，2010. 老年人健康自评的影响因素分析 [J]. 北京大学学报（医学版），42（3）：258-263.

③ 徐淑一，王宇宁，2015. 经济地位、主观社会地位与居民自感健康 [J]. 统计研究，32（3）：62-68.

④ Grossman M，1972. On the concept of health capital and the demand for health [J]. Journal of Political Economy，80（2）：223-255.

性和女性的生理特征、家庭分工和工作类型等有所不同，性别对健康具有独特的影响。在西方国家，女性平均寿命比男性长，但是女性的自评健康和健康寿命与男性相比均处于劣势。基于中国的数据研究表明，女性与男性相比，各个年龄阶段均处于健康劣势①。婚姻通常被认为对健康具有保护效应，原因在于夫妻双方可以相互照顾，从而有利于健康，因此有配偶者的健康状况一般好于无配偶者②。在多数西方工业化国家，无配偶者死亡率高出同龄有配偶者 2~3 倍，这被称为 Farr-Bertillon 效应。白晓等（2019）基于中国人口普查数据（1990 年、2010 年）研究证实了中国同样存在 Farr-Bertillon 效应③。教育与健康有密不可分的关系，诸多研究证实教育会对健康产生正向回报④⑤。具体来看，教育通过积累人力资本改善个体的社会经济条件进而获得更多的医疗保健资源、提高个体的心理能力，促使个体保持良好的生活方式等进而促进健康⑥⑦⑧。

其次，居民的家庭特征。家庭是居民的主要生活场所，个人是家庭的一分子。受传统儒家文化影响，中国人的家庭观念极其强烈，家庭在中国人心中的地位极其重要，个人发展与家庭发展息息相关。因此，家庭状况会对居民健康产生不可忽视的影响。在回归分析中加入家庭规模、家庭收入、家庭消费、子女经济支持、与子女居住、与配偶居住、与其他人居住作为居民家

① 郑莉，曾旭晖，2016. 社会分层与健康不平等的性别差异：基于生命历程的纵向分析 [J]. 社会，36（6）：209-237.

② 张永辉，何雪雯，朱文璠，等，2018. 职业类型和社会资本对农村中老年健康的影响 [J]. 西北农林科技大学学报（社会科学版），18（3）：151-160.

③ 白晓，王超，2019. 婚姻状态和死亡率：审视中国的 Farr-Bertillon 效应：基于 1990 和 2010 年人口普查数据 [J]. 人口学刊，41（4）：18-27.

④ 胡安宁，2014. 教育能否让我们更健康：基于 2010 年中国综合社会调查的城乡比较分析 [J]. 中国社会科学（5）：116-130，206.

⑤ 程令国，张晔，沈可，2014. 教育如何影响了人们的健康？：来自中国老年人的证据 [J]. 经济学（季刊），14（1）：305-330.

⑥ Lynch S M, 2006. Explaining life course and cohort variation in the relationship between education and health: The role of income [J]. Journal of Health and Social Behavior, 47（4）：324-338.

⑦ Schnittker J, 2007. Working more and feeling better: Women's health, employment, and family life, 1974-2004 [J]. American Sociological Review, 72（2）：221-238.

⑧ Ross C E, Master R K, Hummer R A, 2012. Education and the gender gaps in health and mortality [J]. Demography, 49（4）：1157-1183.

庭层面的控制变量。家庭规模越大，家庭成员的健康状况越好或患病风险越低①②。原因在于，家庭成员可以相互关心照顾，从而有利于个人健康③，家庭规模越大也意味着家庭成员能够共享更多的资源，健康风险可以在较大范围内得以分担。收入是影响健康的主要因素④，一般来说，家庭收入越多，家庭成员健康状况越好⑤。因为家庭收入越多，意味着家庭生活条件更好，家庭成员能够养成良好的健康观念、保持良好的生活方式，且能够支配更多的医疗保健资源，从而有利于家庭成员健康水平的提高并有效抵御健康风险。家庭消费支出在一定程度上也可以反映家庭生活水平，通常家庭消费支出越多则家庭生活条件越好，这有利于维持家庭成员的健康水平。需要说明的是，家庭收入与消费为连续变量，为消除异方差等问题，本项研究在进行回归分析时进行对数处理。由于采用了中国健康与养老追踪调查（2011 年、2013 年、2015 年）数据，本书的研究对象为 45 岁以上中老年人群，因此在家庭层面控制变量中还包含了子女经济支持和居住方式。家庭养老是中国传统的养老方式，随着中国老龄化程度不断加深，在社会化养老发展尚不成熟的条件下，家庭养老仍然承担着基础性作用，代际支持深刻影响着老年人的健康。经济支持是子女为父母提供的代际支持的重要组成部分，经济支持能够优化父母的健康行为，如使父母享受健康合理的饮食与健康投资等从而影响父母健康⑥。诸多研究证实，与他人合住对老年人身体健康、认知功能和心理健康均有益处⑦。陈光燕等（2019）研究发现，与子女合住能够放松约

①　赵忠，2006. 我国农村人口的健康状况及影响因素 [J]. 管理世界 (3)：78-85.

②　苗艳青，2008. 卫生资源可及性与农民的健康问题：来自中国农村的经验分析 [J]. 中国人口科学 (3)：47-55, 96.

③　尹庆双，王薇，王鹏. 2011, 我国农村居民的收入与健康状况循环效应分析：基于 CHNS 数据的实证分析 [J]. 经济学家 (11)：43-51.

④　Lynch J W, Smith G D, Kaplan G A, et al., 2000. Income inequality and mortality：Importance to health of individual income, psychosocial environment, or material conditions [J]. BMJ, 320 (7243)：1200-1204.

⑤　张永辉，何雪雯，朱文瑶，等, 2018. 职业类型和社会资本对农村中老年健康的影响 [J]. 西北农林科技大学学报（社会科学版），18 (3)：151-160.

⑥　杨克文，臧文斌，李光勤, 2019. 子女教育对中老年父母健康的影响 [J]. 人口学刊, 41 (5)：72-90.

⑦　靳永爱，周峰，翟振武, 2017. 居住方式对老年人心理健康的影响：社区环境的调节作用 [J]. 人口学刊, 39 (3)：66-77.

束条件、改善代际关系、生活方式和健康行为，从而使老年人身心健康得以显著改善①。任强等（2014）发现，独居或与其他亲属（非子女）同住的老年人情感健康状况较差，但与非亲属同住的老年人不存在抑郁问题②。靳永爱等（2017）进一步研究指出，夫妇同住的老年人、与子女同住的老年人心理健康优于独居老年人③。因此，本项研究中居住方式包括与子女居住、与配偶居住、与其他人居住。

最后，居民的生活方式特征。生活方式被认为是影响健康的首要因素④⑤。结合中国健康与养老追踪调查问卷，选取吸烟、喝酒、睡眠时长和社交活动频率作为居民生活方式特征变量。一般来说，吸烟、饮酒等不良生活方式有损健康，保持充足的睡眠时长和一定的社交活动频率等良好的生活方式则能够促进健康。

基于上述分析，结合 2011 年、2013 年和 2015 年中国健康与养老追踪调查数据，对具体的变量和定义进行操作。具体变量选取、变量定义与描述性统计如表4-1所示。

表4-1　变量的定义与描述性统计

变量	变量的定义	参加新农合或城镇居民医疗保险			参加城乡居民基本医疗保险		
		2011 年	2013 年	2015 年	2011 年	2013 年	2015 年
自评健康	很不好为1，不好为2，一般为3，好为4，很好为5	2.937	2.970	2.989	2.924	3.084	3.114
		(0.912)	(0.953)	(0.981)	(0.900)	(0.939)	(0.898)
年龄	被访者年份—出生年份	58.572	60.528	62.002	59.006	60.796	62.377
		(9.687)	(9.665)	(9.373)	(9.679)	(9.682)	(9.194)

---

① 陈光燕，司伟，2019. 居住方式对中国农村老年人健康的影响：基于 CHARLS 追踪调查数据的实证研究 [J]. 华中科技大学学报（社会科学版），33（5）：49-58.

② 任强，唐启明，2014. 中国老年人的居住安排与情感健康研究 [J]. 中国人口科学（4）：82-91，128.

③ 靳永爱，周峰，翟振武，2017. 居住方式对老年人心理健康的影响：社区环境的调节作用 [J]. 人口学刊，39（3）：66-77.

④ Engel G L, 1977. The need for a new medical model: A challenge for biomedicine [J]. Science, (196)：129-136.

⑤ Fuchs V R, 1982. Economic aspects of health [M]. Chicago：Chicago Press.

续表

变量	变量的定义	参加新农合或城镇居民医疗保险			参加城乡居民基本医疗保险		
		2011 年	2013 年	2015 年	2011 年	2013 年	2015 年
性别	被访者为男性，赋值为1，否则为0	0.537	0.537	0.544	0.574	0.594	0.579
		(0.499)	(0.499)	(0.498)	(0.495)	(0.491)	(0.494)
婚姻类型	被访者有配偶，赋值为1，否则为0	0.885	0.866	0.857	0.860	0.842	0.841
		(0.320)	(0.340)	(0.350)	(0.347)	(0.365)	(0.366)
教育年限	文盲为1，小学为2，中学为3，高中为4，大专为5，本科为6，硕士为7，博士为8	2.967	2.949	2.952	3.972	3.749	3.809
		(1.750)	(1.759)	(1.756)	(1.879)	(1.880)	(1.825)
家庭规模	被访者家庭人口数量（人）	3.757	5.371	2.547	3.372	5.181	2.462
		(1.851)	(1.961)	(1.191)	(1.590)	(1.887)	(0.959)
家庭收入	家庭收入对数（元）	8.948	8.033	5.412	9.383	8.660	4.818
		(2.024)	(2.971)	(4.065)	(2.164)	(3.205)	(4.722)
家庭消费	家庭消费对数（元）	9.525	9.726	9.757	9.849	9.940	10.023
		(1.087)	(1.342)	(1.361)	(1.027)	(1.474)	(1.305)
子女经济支持	子女提供经济支持（元）	3.615	6.209	6.769	2.732	5.867	6.176
		(3.878)	(3.144)	(3.149)	(3.862)	(3.517)	(3.578)
与子女住	如果与子女居住，赋值为1，否则为0	0.583	0.063	0.011	0.612	0.067	0.016
		(0.493)	(0.244)	(0.105)	(0.488)	(0.250)	(0.126)
与配偶居住	如果与配偶居住，赋值为1，否则为0	0.458	0.420	0.152	0.382	0.374	0.100
		(0.498)	(0.494)	(0.359)	(0.486)	(0.484)	(0.300)
与其他人居住	如果与其他人居住，赋值为1，否则为0	0.816	0.809	0.804	0.808	0.804	0.809
		(0.388)	(0.393)	(0.397)	(0.394)	(0.397)	(0.393)
吸烟	如果被访者吸烟，赋值为1，否则为0	0.299	0.364	0.274	0.234	0.290	0.220
		(0.458)	(0.481)	(0.446)	(0.424)	(0.454)	(0.414)

续表

变量	变量的定义	参加新农合或城镇居民医疗保险			参加城乡居民基本医疗保险		
		2011 年	2013 年	2015 年	2011 年	2013 年	2015 年
喝酒	如果被访者喝酒，赋值为 1，否则为 0	0.252	0.258	0.247	0.234	0.232	0.261
		(0.434)	(0.437)	(0.432)	(0.424)	(0.422)	(0.440)
睡眠时长	睡眠时长（小时）	6.823	6.664	6.892	6.791	6.604	6.813
		(2.217)	(2.286)	(2.373)	(2.038)	(2.179)	(2.085)
社交活动频率	社会活动频率（次）	1.279	1.592	1.477	1.845	2.210	2.115
		(1.726)	(1.965)	(1.986)	(2.283)	(2.638)	(2.603)

注：括号内为标准差，收入按 2011 年当年价格计算。

表 4-1 为本项研究中关键变量的描述性分析结果。以是否参加城乡居民基本医疗保险为标准将总样本分为两类，在 2011 年、2013 年和 2015 年，两类样本自评健康平均得分均不断提高，这说明中老年人健康状况在不断改善。两类样本平均年龄均不断增长，这一方面与中国老龄化程度不断加深的现实相吻合，另一方面也表明年龄较大的居民更倾向于参加医疗保险，这可能是因为随着年龄的增长、身体状况逐渐变差对医疗服务的需求更为迫切，因而更愿意参加医疗保险。两类样本中男性占比较高，一般来说，男性步入中老年阶段会面临心血管疾病、癌症和中风等诸多致命性健康问题[1][2]，出于维护健康的考虑，中老年男性参加医疗保险的比例更高。此外，参加新农合或城镇居民医疗保险的中老年人有配偶者比例、家庭规模、子女经济支持、与配偶居住比例、与其他人居住比例（除 2015 年）、吸烟比例、喝酒比例和睡眠时长均高于参加城乡居民基本医疗保险的中老年人。参加城乡居民基本医疗保险的中老年人受教育年限、家庭收入（除 2015 年）、家庭消费、与子女居住比例和社交活动频率均高于参加新农合或城镇居民医疗保险的中老年人。

---

① Ross C E, Bird C E, 1994. Sex stratification and health lifestyle: Consequences for men's and women's perceived health [J]. Journal of Health and Social Behavior, 35 (2): 161-178.

② Case A, Paxson C, 2005. Sex differences in morbidity and mortality [J]. Demography, 42 (2): 189-214.

4.1.2 居民健康的水平与特点

（1）居民健康的基本状况

图4-1显示出2011年居民健康分布呈倒"U"形特征。其中，近半数（48.47%）居民自评健康为"一般"，近四分之一（24.48%）居民自评健康为"好"，16.38%的居民自评健康为"不好"，少数居民自评健康为"很好"（5.79%）或"很不好"（4.89%）。由此可见，大部分居民自评健康状况为一般，其次为好或不好，很不好和很好的居民均为少数。

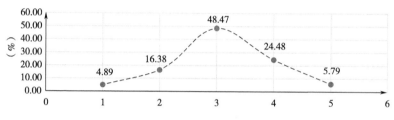

图4-1 2011年居民健康分布情况

图4-2显示出2013年居民健康分布情况。其中，自评健康状况为"一般"的居民占比仍然是最高的，从2011年的48.47%增长到2013年的51.02%；自评健康状况为"好"的居民占比从2011年的24.48%下降到2013年的21.71%；自评健康状况为"不好"的比例从2011年的16.38%下降到2013年的13.30%；自评健康状况为"很好"和"很不好"的居民占比分别由2011年的5.79%、4.89%增长到2013年的8.60%、5.37%。

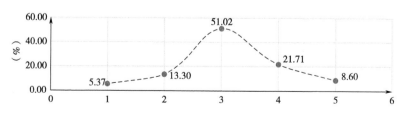

图4-2 2013年居民健康分布情况

图 4-3 显示出 2015 年居民健康分布状况。其中，自评健康状况为"一般"的居民占比仍然是最高的，并且从 2013 年的 51.02% 增长到 2015 年的 52.60%；自评健康状况为"好"的居民占比依然紧随其后，从 2013 年的 21.71% 下降到 2015 年的 20.56%；自评健康状况为"不好"的居民占比仍为第三，从 2013 年的 13.30% 下降到 2015 年的 10.65%；自评健康状况为"很不好"和"很好"的居民占比分别从 2013 年的 5.37%、8.60% 增长到 2015 年的 5.74%、10.45%。

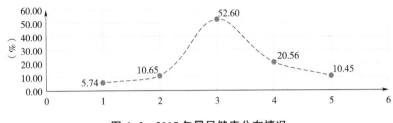

图 4-3　2015 年居民健康分布情况

结合图 4-1、图 4-2 和图 4-3 进行分析，总体而言，从 2011 年、2013 年和 2015 年居民自评健康状况来看，中国居民的健康水平稳中有变。具体而言，居民健康分布总体呈倒"U"形，自评健康状况为"一般"的居民所占比重始终最高，并且这一比例不断扩大；自评健康状况为"好"的居民所占比重始终位于第二，但这一比例在不断下降；自评健康状况为"不好"的居民占比一直处于第三，且这一比例同样在不断下降；值得注意的是，自评健康状况为"很好"的居民占比虽始终位于第四，但这一比重在不断提高；令人遗憾的是，从 2011 年到 2015 年，自评健康状况为"很不好"的居民占比虽始终最小，但从 4.89% 连续增长到 5.74%。此外，从 2011 年到 2015 年，自评健康状况为"一般"以上的居民占比逐年增长，自评健康状况为"不好"的居民占比不断下降，这表明居民健康状况得以不断改善，但自评健康状况为"很不好"的居民占比却连年增长，这意味着在居民健康得以普遍改善的情况下，仍有部分居民健康状况在不断恶化，即居民健康不平等程度日益加剧。

（2）居民健康的户籍差异

前述分析了 2011 年、2013 年和 2015 年我国居民健康的基本状况，由于我国城乡二元结构的存在，居民健康水平也存在户籍差异。从表 4-2 可知，在 2011 年、2013 年和 2015 年，自评健康状况为"很不好"和"不好"的城镇居民占比不断下降，表明城镇居民健康状况在不断改善；此外，半数左右的农村和城镇居民自评健康状况为"一般"，并且这一比例在不断增长；自评健康状况为"好"的农村和城镇居民占比均不断下降，但是"好"的农村居民占比始终高于城镇居民；自评健康状况为"很好"的农村居民占比不断增长且始终高于城镇居民；值得注意的是，自评健康状况为"很不好"和"不好"的农村居民占比始终低于城镇居民。这些分析表明，农村和城镇居民健康水平均在普遍提高，但是农村居民健康状况总体优于城镇居民。出现这一结论的原因可能是，与农村居民相比，城镇居民的健康意识普遍更强，对健康状况的变化更为敏感，身体有所不适者大多选择了"很不好"或"不好"，因而城镇居民的自评健康状况略差。

表 4-2　居民健康水平的户籍差异（%）

健康水平	2011 年		2013 年		2015 年	
	农村	城镇	农村	城镇	农村	城镇
很不好	5.41	6.69	8.14	9.67	10.01	11.58
不好	15.78	17.83	12.79	14.52	10.50	11.02
一般	47.10	51.78	49.98	53.48	51.51	55.34
好	26.42	19.79	23.33	17.89	21.69	17.71
很好	5.29	3.92	5.76	4.45	6.29	4.35

（3）居民健康的性别差异

本部分旨在考察不同性别居民健康水平的差异。表 4-3 显示，在 2011 年、2013 年和 2015 年，女性居民自评健康状况为"很不好"和"不好"的占比高于男性居民；女性居民自评健康状况为"好"的比例不断下降且低于男性居民；女性居民自评健康状况为"很好"的比例虽逐年缓慢增长但始终低于男性居民。这表明与男性居民相比，女性居民健康状况普遍较差。

表4-3　居民健康水平的性别差异（%）

健康水平	2011 年		2013 年		2015 年	
	女性	男性	女性	男性	女性	男性
很不好	7. 19	4. 60	10. 36	7. 11	11. 82	9. 34
不好	18. 43	14. 62	14. 46	12. 33	11. 91	9. 62
一般	49. 33	47. 73	52. 15	50. 07	52. 96	52. 3
好	20. 99	27. 46	18. 57	24. 35	18. 41	22. 31
很好	4. 06	5. 59	4. 46	6. 14	4. 90	6. 42

（4）居民健康的年龄差异

本部分进一步分析不同年龄居民的健康差异。从表4-4可知，在2011年、2013年和2015年，自评健康状况为"很不好"的45~59岁居民占比始终高于60岁及以上居民；与此同时，自评健康状况为"好"和"很好"的45~59岁居民占比始终低于60岁及以上居民占比。这表明，与60岁及以上居民相比，45~59岁居民健康状况更差。出现这一现象的原因可能是，根据"优胜劣汰"原则，一部分60岁及以上居民因病等已故去，健在的则健康状况较好。

表4-4　居民健康水平的年龄差异（%）

健康水平	2011 年		2013 年		2015 年	
	45~59 岁	60 岁及以上	45~59 岁	60 岁及以上	45~59 岁	60 岁及以上
很不好	6. 74	4. 49	10. 17	7. 07	12. 33	9. 18
不好	18. 26	13. 83	13. 74	12. 88	10. 62	10. 67
一般	49. 94	46. 47	53. 21	48. 90	54. 70	51. 18
好	21. 16	28. 98	18. 63	24. 68	17. 56	22. 59
很好	3. 90	6. 23	4. 25	6. 46	4. 79	6. 38

（5）参加新农合或城镇居民医疗保险与参加城乡居民基本医疗保险居民的健康差异

本部分对参加新农合或城镇居民医疗保险与参加城乡居民基本医疗保险居民的健康差异进行比较。表 4-5 显示，在 2011 年和 2013 年，参加城乡居民基本医疗保险居民的自评健康状况为"一般""好""很好"的总体比例高于参加新农合或城镇居民医疗保险的居民比例，即参加城乡居民基本医疗保险的居民健康状况优于参加新农合或城镇居民医疗保险的居民；而在 2015 年，参加城乡居民基本医疗保险居民的自评健康状况为"一般""好""很好"的总体比例却低于参加新农合或城镇居民医疗保险的居民，即 2015 年参加城乡居民基本医疗保险的居民健康状况比参加新农合或城镇居民医疗保险的居民差。

表 4-5　居民健康水平的参保情况差异（%）

健康水平	2011 年		2013 年		2015 年	
	城乡居民基本医疗保险	新农合或城镇居民医疗保险	城乡居民基本医疗保险	新农合或城镇居民医疗保险	城乡居民基本医疗保险	新农合或城镇居民医疗保险
很不好	5. 22	5. 79	8. 44	9. 85	9. 80	10. 46
不好	16. 05	16. 40	13. 10	15. 27	13. 78	10. 31
一般	49. 81	48. 40	51. 04	52. 02	57. 81	52. 75
好	23. 69	24. 55	21. 88	19. 11	15. 20	20. 60
很好	5. 22	4. 86	5. 54	3. 74	3. 41	5. 88

4.2　城乡居民基本医疗保险对居民健康影响的估计结果

4.2.1　模型建构

如前所述，本项研究采用自评健康反映居民健康状况，自评健康分为五个等级，其中 1 表示很不好，2 表示不好，3 为一般，4 表示好，5 表示很好。此外，还可以将自评健康状况为"很不好""不好"的赋值为"0"，表示不健康；将自评健康状况为"一般""好""很好"的赋值为"1"，表示健康。此时居民健康状况可以作为二分类变量处理。为检验结果的稳健性，本项研究使用 Probit 模型和最小二乘法（OLS）两种估计方法进行对比分析，在后面分析中以 Probit 模型的估计结果为主。分析城乡居民基本医疗保险对居民健康影响的模型构建如下：

$$H_i = \alpha_0 + \alpha_1 HI_i + \alpha_x X_i + \varepsilon_i \tag{4.1}$$

式中，H_i 表示居民 i 健康状况，是因变量；HI_i 表示居民 i 参加城乡居民基本医疗保险情况，为自变量；X_i 表示影响城乡居民健康的控制变量，包括城乡居民个体特征变量、家庭特征变量和生活方式特征变量；α 为待估参数；ε_i 为随机扰动项。

4.2.2 实证结果

（1）基准回归结果

表 4-6 为城乡居民基本医疗保险对居民健康影响的全样本估计结果。

表 4-6 城乡居民基本医疗保险对居民健康的影响

变量	Probit				OLS			
	（1）	（2）	（3）	（4）	（5）	（6）	（7）	（8）
城乡居民基本医疗保险	0.225 ***	0.163 ***	0.052 **	0.086 ***	0.078 ***	0.056 ***	0.066 ***	0.085 ***
	(0.049)	(0.050)	(0.024)	(0.013)	(0.020)	(0.020)	(0.021)	(0.021)
年龄		-0.018 ***	-0.024 ***	-0.020 ***		-0.008 ***	-0.010 ***	-0.008 ***
		(0.001)	(0.003)	(0.003)		(0.001)	(0.001)	(0.001)
性别		0.246 ***	0.281 ***	0.043 ***		0.137 ***	0.145 ***	0.045 ***
		(0.027)	(0.053)	(0.009)		(0.011)	(0.022)	(0.008)
婚姻类型		0.032	0.025	0.038		0.015	0.006	0.072
		(0.038)	(0.128)	(0.150)		(0.016)	(0.052)	(0.059)

续表

变量	Probit				OLS			
	(1)	(2)	(3)	(4)	(5)	(6)	(7)	(8)
教育年限		0.106***	0.090***	0.074***		0.035***	0.036***	0.0252***
		(0.008)	(0.016)	(0.017)		(0.003)	(0.007)	(0.007)
户籍		0.326***	0.351***	0.360***		0.315***	0.342***	0.352***
		(0.018)	(0.023)	(0.025)		(0.018)	(0.020)	(0.029)
家庭规模			-0.025	-0.037			-0.020*	-0.024**
			(0.028)	(0.029)			(0.012)	(0.012)
家庭收入			0.057***	0.052***			0.032***	0.030***
			(0.013)	(0.014)			(0.005)	(0.005)
家庭消费			0.032	0.041			0.011	0.019*
			(0.025)	(0.027)			(0.010)	(0.011)
子女经济支持			0.042**	0.068***			0.059***	0.073***
			(0.020)	(0.022)			(0.021)	(0.021)
与子女居住			0.025	0.051			0.0036	0.0058
			(0.073)	(0.076)			(0.030)	(0.030)
与配偶居住			0.151*	0.209**			0.0456	0.0682**
			(0.080)	(0.083)			(0.032)	(0.033)
与其他人居住			-0.158	-0.086			-0.045 2	-0.024 7
			(0.101)	(0.127)			(0.040)	(0.049)
吸烟				-0.004				-0.002
				(0.069)				(0.027)
喝酒				0.536***				0.200***
				(0.069)				(0.026)
睡眠时长				0.132***				0.060***
				(0.012)				(0.005)

续表

变量	Probit				OLS			
	(1)	(2)	(3)	(4)	(5)	(6)	(7)	(8)
社交活动频率				0.084 ***				0.039 ***
				(0.016)				(0.006)
时间固定效应	YES	YES	YES	YES	YES	YES	YES	YES
地区固定效应	YES	YES	YES	YES	YES	YES	YES	YES
Constant	0.952 ***	2.147 ***	2.411 ***	0.883 **	2.964 ***	3.527 ***	3.548 ***	2.911 ***
	(0.013)	(0.13)	(0.38)	(0.42)	(0.005)	(0.054)	(0.157)	(0.167)
Observations	34 389	33 849	27 514	26 435	34 389	33 849	27 514	26 435

注：*** 、 ** 、 * 分别表示在1%、5%、10%统计水平上显著。

首先来看Probit估计结果。在表4-6的（1）列中，城乡居民基本医疗保险在1%统计水平上显著，且回归系数符号为正，这说明在未加入控制变量时，城乡居民基本医疗保险对居民健康产生了显著的正向影响。考虑到其他因素会影响回归结果，在（2）至（4）列中依次加入居民个体特征、家庭特征与生活方式特征控制变量，回归结果显示城乡居民基本医疗保险的估计值降低了，但城乡居民基本医疗保险对居民健康的影响依然在1%或5%统计水平上显著，即城乡居民基本医疗保险对居民健康的改善作用非常稳健。

控制变量与理论预期基本相符。从居民个体特征来看，居民年龄在1%统计水平上显著为负，即居民年龄越大则健康状况越差，原因在于随着年龄的增长，身体各项机能逐渐退化，这是自然规律所决定的；性别为男性在1%统计水平上显著为正，即与女性居民相比，男性居民健康状况较好；居民教育年限对健康产生了积极影响，且在1%统计水平上显著，即居民教育年限越长则健康状况越好，原因可能在于教育年限越长，通常居民的社会经济地位较高、保健意识更强、生活方式相对更加健康；城镇户籍在1%统计水平上显著为正，即城镇户籍的居民健康状况好于农村户籍的居民。受城乡二元结构影响，城镇经济社会发展水平更高，生活条件与农村相比更加优越，城镇较好的医疗服务资源可及性以及城镇居民可以更便捷地利用医疗服务资源均会使城镇居民健康水平普遍优于农村居民。另外，需要说明的是，婚姻类型对居民健康不存在显著影响，表明婚姻状况与居民健康不相关。

从居民家庭特征来看，家庭收入水平在1%统计水平上显著正向影响居民健康状况，即家庭收入水平越高，居民健康状况越好，原因可能是家庭收入水平越高，家庭生活条件相对更好，家庭也拥有足够的经济实力来支配更多的医疗资源，这不仅有利于居民健康水平的提高，也有助于居民抵御健康风险。子女经济支持对居民健康产生了显著的正向影响，子女提供的经济支持越多则居民健康状况越好。家庭养老是中国传统的养老模式，在养老中扮演基础性角色，经济支持是子女为父母提供的代际支持的重要组成部分，经济支持能够优化父母的健康行为，如使父母享受健康合理的饮食与健康投资等从而影响父母健康①。与配偶居住者健康状况更好，原因可能是夫妻之间可以相互照顾，从而有利于维持较高的健康水平。此外，居民家庭特征控制变量中的家庭规模、家庭消费水平、与子女居住、与其他人居住未通过显著性检验，即居民健康与家庭规模、家庭消费水平、与子女居住、与其他人居住不相关。

从居民生活方式特征来看，居民是否吸烟未能通过显著性检验，说明吸烟与居民健康不相关。居民喝酒在1%统计水平上显著正向影响健康，即喝酒的居民健康状况更好，这与喝酒损害健康的常识相悖。虽然在本项研究中喝酒的居民健康状况较好，但并不代表喝酒有利于健康，由于喝酒对身体带来的诸多不良影响，很多喝酒的中老年人可能因此已去世，不在样本中，而在样本中的这部分中老年人对酒精具有较强的耐受力。居民睡眠时长在1%统计水平上显著，且回归系数符号为正，表明居民睡眠时长较长则健康状况更好。社交活动频率在1%统计水平上显著，且回归系数符号为正，表明较高的社交活动频率有利于居民健康。这与社交活动理论提出的晚年参加一定

① 杨克文，臧文斌，李光勤，2019. 子女教育对中老年父母健康的影响 [J]. 人口学刊，41 (5): 72-90.

的社会活动有利于保持身心健康相符（Lemon，Bengtsom，and Peterson，1972）①。

表4-6的（5）至（8）列为OLS估计结果。第（5）列表明，在未加入任何控制变量的条件下，城乡居民基本医疗保险在1%统计水平上显著，表明城乡居民基本医疗保险显著促进了居民健康。考虑到其他因素可能对回归结果产生影响，在（6）至（8）列中依次加入居民个体特征、家庭特征和生活方式特征控制变量，回归结果显示城乡居民基本医疗保险均在1%统计水平上显著，回归系数符号为正，进一步证实城乡居民基本医疗保险对居民健康有显著的正向影响。此外，在使用最小二乘法（OLS）进行估算时，各控制变量系数的显著性和符号与使用Probit估算时基本相符，且控制变量与健康经济学理论预期基本吻合。

（2）异质性分析

不同户籍、性别与年龄的居民，健康状况各不相同，为考察城乡居民基本医疗保险对居民健康影响在户籍、性别与年龄上的差异，本项研究将全样本分为城镇与农村居民、女性与男性居民、45~59岁、60岁及以上居民六个子样本，分别进行Probit和OLS回归。需要说明的是，本项研究样本为45岁及以上中国居民，一般将60岁及以上居民视为老年人，因而将年龄分为45~59岁和60岁及以上两组。

表4-7为城乡居民基本医疗保险对不同户籍居民健康影响的Probit和OLS估计结果。Probit回归结果显示，城乡居民基本医疗保险在5%统计水平上显著正向影响农村居民健康，城乡居民基本医疗保险对城镇居民健康同样存在正向影响且在1%统计水平上显著。在相同条件下，参加城乡居民基本医疗保险对改善城镇居民健康的边际效应要高于农村居民。OLS回归结果显示，城乡居民基本医疗保险对农村和城镇居民健康均具有正向影响，且在1%统计水平上显著，说明估计结果具有稳健性。

---

① Lemon B W, Bengtson V L, Peterson J A, 1972. An exploration of the activity theory of aging: Activity types and life satisfaction among in-movers to a retirement community [J]. Journal of Gerontology, 27 (4): 511-523.

表4-7 城乡居民基本医疗保险对不同户籍居民健康的影响

变量	Probit		OLS	
	(1)	(2)	(3)	(4)
	农村	城镇	农村	城镇
城乡居民基本医疗保险	0.024 3 **	0.065 4 ***	0.061 9 ***	0.014 4 ***
	(0.010 9)	(0.011 9)	(0.004 2)	(0.004 3)
其他变量	YES	YES	YES	YES
年份固定效应	YES	YES	YES	YES
省份固定效应	YES	YES	YES	YES
Constant	0.639 ***	−0.214	2.944 ***	2.665 ***
	(0.228)	(0.872)	(0.094)	(0.319)
Observations	19 263	7 172	19 263	7 172

注: ***、**、*分别表示在1%、5%、10%统计水平上显著。

表4-8为城乡居民基本医疗保险对不同性别居民健康影响的 Probit 和 OLS 估计结果。Probit 估计结果显示, 城乡居民基本医疗保险对女性和男性居民健康均具有正向影响, 分别在10%和5%统计水平上显著。总体来看, 与女性居民相比, 城乡居民基本医疗保险对改善男性居民健康的边际效应更大。OLS 回归结果显示, 城乡居民基本医疗保险对男性和女性居民健康均产生了正向效应, 但与 Probit 估计结果不同的是, OLS 回归结果显示城乡居民基本医疗保险对女性居民健康的影响在统计水平上不再显著, 城乡居民基本医疗保险对男性居民健康的影响在1%统计水平上显著。

表4-8 城乡居民基本医疗保险对不同性别居民健康的影响

变量	Probit		OLS	
	(5)	(6)	(7)	(8)
	女性	男性	女性	男性
城乡居民基本医疗保险	0.021 2 *	0.072 0 **	0.004 3	0.026 9 ***
	(0.011 8)	(0.036 4)	(0.004 2)	(0.003 7)

续表

变量	Probit		OLS	
	(5)	(6)	(7)	(8)
	女性	男性	女性	男性
其他变量	YES	YES	YES	YES
年份固定效应	YES	YES	YES	YES
省份固定效应	YES	YES	YES	YES
Constant	0.670**	0.044 7	2.975***	2.587***
	(0.334)	(0.257)	(0.130)	(0.106)
Observations	11 830	14 096	11 830	14 096

注：***、**、*分别表示在1%、5%、10%统计水平上显著。

表4-9为城乡居民基本医疗保险对不同年龄居民健康影响的 Probit 和 OLS 估计结果。Probit 估计结果显示，城乡居民基本医疗保险对 45~59 岁居民健康的影响并不显著，城乡居民基本医疗保险对 60 岁及以上居民健康具有正向影响，且在5%统计水平上显著。这说明，参加城乡居民基本医疗保险对 60 岁及以上居民健康产生了显著的改善作用。OLS 估计结果显示，城乡居民基本医疗保险对 45~59 岁居民健康产生了正向影响，但在统计水平上不显著，对 60 岁及以上居民健康具有正向影响，且在1%统计水平上显著。

表4-9　城乡居民基本医疗保险对不同年龄居民健康的影响

变量	Probit		OLS	
	(9)	(10)	(11)	(12)
	45~59 岁	60 岁及以上	45~59 岁	60 岁及以上
城乡居民基本医疗保险	0.015 6	0.185**	0.025 8	0.149***
	(0.113)	(0.094)	(0.041)	(0.037)
其他变量	YES	YES	YES	YES
年份固定效应	YES	YES	YES	YES

续表

变量	Probit		OLS	
	（9）	（10）	（11）	（12）
	45~59 岁	60 岁及以上	45~59 岁	60 岁及以上
省份固定效应	YES	YES	YES	YES
Constant	−0.807 ***	−0.918 ***	2.372 ***	2.389 ***
	（0.283）	（0.190）	（0.109）	（0.079）
Observations	11 925	14 391	11 925	14 391

注：***、**、*分别表示在 1%、5%、10%统计水平上显著。

5

城乡居民基本医疗保险
对健康不平等影响的实证分析

本章是本项研究的核心章节之一，包含四节，围绕城乡居民基本医疗保险对健康不平等的影响开展实证分析。在第一节中，介绍健康指标的处理、健康不平等的度量与分解方法，以及健康不平等变化的分解方法。在第二节中，对全样本、城镇样本和农村样本居民健康不平等进行分解，以求出各影响因素，尤其是城乡居民基本医疗保险对居民健康不平等的贡献。在第三节中，探讨居民健康不平等的变化以及城乡居民基本医疗保险的贡献变化，并对集中指数的变化进行分解，进一步考察城乡居民基本医疗保险对健康不平等变化的贡献来源。在第四节中，探讨城乡居民基本医疗保险对不同收入群体健康状况改善的差异，以检验城乡居民基本医疗保险作用于健康不平等的渠道。

5.1　健康指标的处理、健康不平等的度量与分解方法

就健康不平等的定义而言，其内涵颇为丰富。学术界将健康不平等分为纯粹的健康不平等（Pure Inequalities in Health）、与社会经济相关的健康不平等（Socioeconomic Inequalities in Health）两个方面进行测量。本项研究关注的是与社会经济相关的健康不平等。更为具体的，是与收入相关的健康不平等（Inequalities in Health Related to Income）。

5.1.1　健康指标的处理

在中国健康与养老追踪调查问卷中，健康状况被划分成五个类别——"很不好""不好""一般""好""很好"，被访者从中选择一个最适合自己的类别。因此，在中国健康与养老追踪调查数据中，自评健康属于有序分类变量。本书拟使用集中指数法度量健康不平等，健康指标须为虚拟变量或连续变量。如果将自评健康转换为虚拟变量，则在选取不同的截断点时（即确定0值和1值的界限），集中指数的计算结果也会有所不同[①]。因此，Van Doorslaer 和 Jones（2003）使用 Ordered Probit 模型为自评健康赋值，将自评

---

① Wagstaff A, Van Doorslaer E, 1994. Measuring inequalities in health in the presence of multiple-category morbidity indicators [J]. Health Economics, 3 (4): 281-291.

健康调整为连续变量，并进一步将其转化为 0 和 1 之间的一个数值①。具体思路如下：

假设自评健康 y 的五分类序列实质是一个连续变量，即健康良好得分 Y。假设自评健康 y 的分类有 J 种（本项研究所用数据是五分类变量），那么，连续变量 Y 与有序分类变量 y 之间存在如下的对应及转换关系：

$$
\begin{aligned}
&y = 1 \quad \text{if} - \infty < Y \leqslant \alpha_1 \\
&y = 2 \quad \text{if} \, \alpha_1 < Y \leqslant \alpha_2 \\
&\cdots\cdots\cdots \\
&y = J \quad \text{if} \, \alpha_{j-1} < Y \leqslant + \infty
\end{aligned}
\tag{5.1}
$$

在一般情况下，人们往往会对自身健康做出比较正面和更为积极的评价，所以，Y 不是正态分布，而是偏态分布。为了对该偏态分布进行模拟，我们将健康良好得分 Y 假定为满足标准对数正态分布，即 $Z = \ln(Y)$ 服从标准正态分布。在此假设的基础上，根据中国健康与养老追踪调查数据中"很好、好、一般、不好、很不好"五个类别各自在全部类别中所占的比例，利用标准正态累计密度函数的反函数，求出各个类别所对应的阈值：

$$
\hat{\alpha}_j = \phi^{-1}\left(\sum_{i=1}^{j} \frac{n_i}{N} \right), \quad j = 1, 2, 3, \cdots, J - 1
\tag{5.2}
$$

式中，ϕ^{-1} 指标准正态累计分布密度函数的反函数；n_i 指自评健康类别 j 的样本量；N 为样本总量。

在计算出每个自评健康类别所对应的阈值 $\hat{\alpha}_j$ 后，使用公式（5.3）可以计算出每个自评健康类别 j 的健康良好得分 Y 的平均值：

$$
\hat{z}_j = \frac{N}{n_i} [\phi(\hat{\alpha}_j - 1) - \phi \hat{\alpha}_j]
\tag{5.3}
$$

式中，ϕ 指标准正态分布密度函数。

接下来，使用 $Z = \ln(Y)$ 转换计算可以得到健康良好得分 Y 的实际对应值。健康良好得分 Y 值越大，则意味着健康状况越好。

① Van Doorslaer E, Jones A M, 2003. Inequalities in self-reported health: Validation of a new approach to measurement [J]. Journal of Health Economics, 22 (1): 61-87.

5.1.2 健康不平等的度量方法

健康集中指数是度量与社会经济因素相关的健康不平等的常用方法，集中指数建立在集中曲线基础之上。

健康集中曲线涉及度量健康的指标与衡量社会经济地位的指标两个关键元素。其中，衡量社会经济地位的指标应是连续变量，一般用收入表示。健康集中曲线是由按社会经济地位排序的人数累计百分比（横轴）与其对应的健康状况累计百分比（纵轴）的点相连而成。集中指数依托集中曲线而存在，用来度量健康不平等程度。集中指数的具体含义为集中曲线和公平线之间面积的 2 倍。其数学表达式为：

$$C = 1 - 2\int_0^1 L_h(p)\,\mathrm{d}p \tag{5.4}$$

式中，C 为集中指数；L 为集中曲线。在集中曲线 L 与公平线重合时，C 为 0；在 L 位于公平线之上时，C 为负；在 L 位于公平线之下时，C 为正；C 的取值在 -1 和 1 之间。

5.1.3 健康不平等的分解方法

集中曲线和集中指数仅能反映不平等是否存在及不平等程度的大小，要考察哪些因素对不平等产生了影响及影响程度多大，需引入集中指数分解法。具体来看，健康不平等的分解是分离对健康不平等产生影响的各个因素的贡献。本项研究采用 Wagstaff 线性方法，其基本思路类似于线性回归，将健康不平等的集中指数分解为由可观测变量 x_k 解释的部分和不能由数据解释的部分（相当于回归中的残差项）。

假设健康不平等为 y，影响健康不平等的各因素为 x_k，构建如下线性回归方程：

$$y_i = \alpha + \sum_k \beta_k x_k + \varepsilon_i \tag{5.5}$$

式中，β_k 为各影响因素所占比重；ε_i 为残差。

假设每个观测值的系数向量 β_k 相同，个体在健康上的差异来自影响因素 x_k 的差异。集中指数分解可以表示为：

$$C = \sum_k (\beta_k \overline{x_k}/\upsilon) C_k + GC_\varepsilon/\upsilon \tag{5.6}$$

式中，υ 是健康状况的均值；$\overline{x_k}$ 是 x_k 的均值；C_k 是 x_k 的集中指数；GC_ε 是残差项 ε_i 的集中指数。

公式（5.6）表明，集中指数是 k 个自变量的集中指数的加权平均，其中 x_k 的权重为 y 对 x_k 的弹性 $\eta_k = \beta_k \overline{x_k}/\upsilon$，即 x_k 每变化 1% 所引起 y 变化的百分比，表示 x_k 对 y 的直接影响。

5.1.4 健康不平等变化的分解方法

此外，本项研究还将采用 Oaxaca 分解法对集中指数的变化进行分解，以考察城乡居民基本医疗保险在居民健康不平等随时间变化中的贡献。具体方法为：城乡居民基本医疗保险对居民健康集中指数变化的贡献，可分解为城乡居民基本医疗保险集中指数的变化乘以城乡居民基本医疗保险对健康的弹性，以及城乡居民基本医疗保险对健康弹性变化乘以上一期的城乡居民基本医疗保险集中指数两部分。具体表达式为：

$$\Delta C = \sum_k \eta_{k(t-1)} (C_{kt} - C_{k(t-1)}) + \sum_k C_{kt} (\eta_{kt} - \eta_{k(t-1)}) \tag{5.7}$$

式中，ΔC 表示集中指数的变化；C_{kt} 表示 x_k 在 t 期的集中指数；$C_{k(t-1)}$ 表示 $x_{k(t-1)}$ 在 $t-1$ 期的集中指数；η_{kt} 表示 t 期 y 对 x_k 的弹性；η_{kt-1} 表示 $t-1$ 期 y 对 x_k 的弹性。

5.2 健康不平等的分解

5.2.1 城乡居民健康不平等的分解

为进一步分析城乡居民健康不平等的影响因素及贡献，本项研究对城乡居民健康不平等进行了测算及分解。表 5-1 为城乡居民健康不平等及分解结果，包括健康集中指数、各变量的弹性、集中指数、对总体集中指数的贡献以及贡献率。需要说明的是，各变量对总体集中指数的贡献由其弹性和集中指数相乘得到，各变量的贡献率由其贡献除以总体集中指数得到。

表5-1　城乡居民健康不平等分解结果

变量	弹性系数	集中指数	对总体集中指数贡献	贡献率（%）
城乡居民基本医疗保险	0.087 6	-0.071 5	-0.006 3	-12.860
年龄	-0.233 1	0.013 6	-0.003 2	-6.532
婚姻类型	0.038 3	-0.006 9	-0.000 3	-0.612
性别	0.012 5	0.153 8	0.001 9	3.878
教育年限	0.128 9	0.029 2	0.003 8	7.757
户籍	0.090 7	0.027 7	0.002 5	5.103
家庭规模	-0.016 7	0.105 7	-0.001 8	-3.674
家庭收入	0.241 0	0.047 7	0.011 5	23.475
家庭消费	0.019 8	0.088 9	0.001 8	3.674
子女经济支持	0.020 1	0.065 4	0.001 3	2.654
与其他人居住	-0.006 0	-0.029 6	0.000 2	0.408
与子女居住	0.021 5	-0.021 5	-0.000 5	-1.021
与配偶居住	0.008 6	-0.055 7	-0.000 5	-1.021
喝酒	0.012 4	-0.016 4	-0.000 2	-0.408
睡眠时长	0.026 7	0.064 3	0.001 7	3.470
吸烟	-0.023 6	0.022 4	-0.000 5	-1.021
社交活动频率	0.055 4	0.028 7	0.001 6	3.266

　　分解结果显示，对城乡居民健康不平等贡献为正的因素中，按贡献从大到小排序依次是家庭收入、教育年限、户籍、性别、家庭消费、睡眠时长、社交活动频率、子女经济支持和与其他人居住；对城乡居民健康不平等贡献为负的因素中，按贡献从大到小排序依次是城乡居民基本医疗保险、年龄、家庭规模、与子女居住、与配偶居住、吸烟、婚姻类型和喝酒。

　　具体来看，家庭收入是加剧城乡居民健康不平等的首要因素，对城乡居民健康不平等的贡献为 0.011 5，贡献率达到 23.475%。其中，家庭收入的弹性系数为 0.241，弹性系数较大，说明城乡居民健康对收入较为敏感。家庭收入的集中指数为 0.047 7，说明城乡居民家庭收入分布存在偏富人现象。两者共同作用放大了家庭收入加剧城乡居民健康不平等的效应。

教育年限对城乡居民健康不平等的贡献为 0.003 8，贡献率为 7.757%，仅次于家庭收入，即教育年限倾向于扩大城乡居民健康不平等。在当今社会，教育对个人的职业、收入起决定作用，较高的教育水平还会促进个人健康意识、良好生活方式等的养成，从而对健康产生积极影响。教育年限的弹性系数为 0.128 9，教育年限集中指数为 0.029 2，表明城乡居民健康对教育年限较为敏感，且收入水平较高的居民教育年限较长，更多地享受了教育对健康的正效应。因此，教育年限加剧了城乡居民健康不平等。

户籍也是导致健康不平等加剧的主要因素，对健康不平等的贡献为 0.002 5，贡献率为 5.103%。我国是典型的城乡二元制结构，城市的经济社会发展水平往往高于农村，医疗服务资源也集中在城市，这是导致城乡居民健康差异的重要原因。户籍的弹性系数为 0.090 7，弹性贡献较大，表明城乡居民健康对户籍较为敏感。户籍的集中指数为 0.027 7，表明城镇户口的居民多来自高收入家庭，两者共同作用加剧了健康不平等。

社会因果论（Social Causation）认为，每个人在社会结构中所处的位置不同会造成其在工作环境、健康风险和医疗服务利用等方面存在显著差异，因而就健康状况而言，社会经济地位较高者更有优势[1][2]。收入、教育年限和户籍是衡量社会经济地位的重要指标，本项研究所发现的家庭收入、教育年限和户籍对健康不平等的贡献与社会因果论的解释一致。

性别对城乡居民健康不平等的贡献为 0.001 9，贡献率达到 3.878%。性别的弹性系数为 0.012 5，表明男性居民健康状况更好；集中指数为 0.153 8，表明男性城乡居民的分布是偏富人的，性别差异加剧了城乡居民健康不平等。

家庭消费的弹性系数为 0.019 8，即家庭消费的增加有利于改善城乡居民健康状况，原因在于家庭消费的增加可能会改善城乡居民生活条件，也可

---

① Dahl E, 1996. Social mobility and health: Cause or effect? [J]. BMJ Clinical Research, 313 (7055): 435-436.

② 王甫勤, 2011. 社会流动有助于降低健康不平等吗? [J]. 社会学研究, 25 (2): 78-101, 244.

能获得更多的医疗服务资源。此外，家庭消费的集中指数为 0.088 9，即家庭消费偏向富人分布，两者综合作用扩大了城乡居民健康不平等。

睡眠时长对城乡居民健康不平等的贡献为 0.001 7，贡献率为 3.470%，表明睡眠时长也会加剧城乡居民健康不平等。睡眠时长的弹性系数为 0.026 7，即较长的睡眠时长有利于城乡居民的健康。睡眠时长的集中指数为 0.064 3，即睡眠时长较长的居民高收入者居多，两者综合作用加剧了城乡居民健康不平等。

社交活动频率对城乡居民健康不平等的贡献为 0.001 6，贡献率为 3.266%。社交活动频率的弹性系数为 0.055 4，表明城乡居民健康对社交活动频率比较敏感。本书的研究对象为 45 岁以上的中老年城乡居民，这与张冲等（2016）研究发现社交活动有助于改善身心健康的结论一致[①]。社交活动频率的集中指数为 0.028 7，表明社交活动频率较高的城乡居民家庭收入水平较高。在弹性系数和集中指数的共同作用下，社交活动频率扩大了城乡居民健康不平等。

子女经济支持对城乡居民健康不平等的贡献为 0.001 3，贡献率为 2.654%，表明子女经济支持是导致城乡居民健康不平等扩大的因素之一。子女经济支持的弹性系数为 0.020 1，即子女经济支持有利于城乡居民健康水平的提高。子女经济支持的集中指数为 0.065 4，表明获得较多的子女经济支持的城乡居民分布是偏富人的，两者共同作用扩大了城乡居民健康不平等。

此外，与其他人居住也有扩大城乡居民健康不平等的作用，但贡献率比较小。

城乡居民基本医疗保险对健康不平等的贡献为 -0.006 3，贡献率为 -12.860%。其中，城乡居民基本医疗保险的集中指数为 -0.071 5，即城乡居民基本医疗保险覆盖了更多的低收入居民；弹性系数为 0.087 6，说明城乡居民基本医疗保险有助于改善城乡居民的健康状况。在集中指数与其弹性的共同作用下，城乡居民基本医疗保险对缓解城乡居民健康不平等发挥了重

---

① 张冲，张丹，2016. 城市老年人社会活动参与对其健康的影响：基于 CHARLS 2011 年数据 [J]. 人口与经济（5）：55-63.

要作用。

年龄对城乡居民健康不平等的贡献为-0.003 2，贡献率达到-6.532%。年龄的集中指数为0.013 6，表明年龄较大的城乡居民分布是偏富人的。年龄的弹性系数为-0.233 1，表明年龄越大，健康状况越差，这与年龄折旧效应相符，即"当一个人变老时，其健康资本存量开始贬值"[①]，年龄的弹性系数较大，表明城乡居民健康对年龄比较敏感。

家庭规模对城乡居民健康不平等的贡献率为-3.674%。其中，家庭规模的弹性系数为-0.016 7，表明家庭规模的扩大不利于城乡居民健康。我们认为，家庭规模的扩大可能会挤占家庭向中老年人提供的资源，尤其是在家庭有儿童时，家庭的资源配置普遍偏向于儿童。此外，随着家庭规模的扩大，家庭成员间因观念、生活习惯各异容易产生摩擦从而影响中老年人的情绪，家庭规模的扩大也意味着中老年人可能要承担更多的家务（如照料孙子女等）。家庭规模的集中指数为0.105 7，表明规模较大的家庭高收入者居多。在集中指数与其弹性的共同作用下，较大的家庭规模对缓解城乡居民健康不平等发挥了作用。

此外，与配偶居住、与子女居住对健康不平等的贡献均为-0.000 5，贡献率均为-1.021%，即这两项因素有助于缓解城乡居民健康不平等。与配偶居住、与子女居住的弹性系数均为正值，表明两项因素对城乡居民健康有积极影响。与配偶居住、与子女居住的集中指数均为负值，表明与配偶居住、与子女居住的城乡居民低收入者较多。低收入者更多地享受了与配偶居住、与子女居住对健康的正效应，因此，这两项因素对城乡居民健康不平等的贡献为负。

婚姻类型对健康不平等的贡献为-0.000 3，贡献率为-0.612%，即婚姻有利于缓解城乡居民健康不平等。婚姻的弹性系数为0.038 3，即婚姻有利于健康。俗话说"人生难得老来伴"，与无配偶的人相比，有配偶的人晚年

---

① Grossman M, 1972. On the concept of health capital and the demand for health [J]. Journal of Political Economy, 80 (2): 223-255.

生活更幸福，健康状况更好①。白晓和王超（2019）的研究也证实了这一说法，认为婚姻对健康有保护效应，有配偶的人死亡率低于无配偶的人，夫妻双方可以相互照顾，从而有利于健康②。婚姻类型的集中指数为−0.006 9，这表明有配偶的城乡居民低收入者较多。在集中指数与其弹性的共同作用下，婚姻对缓解城乡居民健康不平等发挥了作用。

需要特别说明的是，分解结果显示，吸烟、喝酒均具有缩小健康不平等的作用，但贡献率较小。吸烟、喝酒通常被认为有害健康，此处得出喝酒的弹性系数为 0.012 4，并不代表喝酒对健康有益。由于喝酒带来的不良影响，很多中老年人可能因此已去世，不在样本中，而在样本中的这部分中老年人对酒精有较强的耐受力。喝酒的集中指数为−0.016 4，表明喝酒的居民低收入者偏多。吸烟的弹性系数为−0.023 6，即吸烟不利于健康。吸烟的集中指数为 0.022 4，这表明吸烟的居民高收入者居多。

5.2.2 城镇居民健康不平等的分解

表 5-2 为城镇居民健康不平等的分解结果。对于城镇居民健康不平等贡献为正的因素中，按贡献从大到小排序分别是家庭收入、教育年限、性别、睡眠时长、家庭消费、子女经济支持、社交活动频率和与其他人居住；对城镇居民健康不平等的贡献为负的因素中，按贡献从大到小排序依次是城乡居民医疗保险、年龄、家庭规模、吸烟、与子女居住、与配偶居住、婚姻类型和喝酒。

表 5-2　城镇居民健康不平等分解结果

变量	弹性系数	集中指数	对总体集中指数贡献	贡献率（%）
城乡居民基本医疗保险	0.289 2	−0.050 1	−0.014 5	−13.340
年龄	−0.107 2	0.089 9	−0.009 6	−8.832

① 张永辉，何雪雯，朱文璠，等，2018. 职业类型和社会资本对农村中老年健康的影响 [J]. 西北农林科技大学学报（社会科学版），18（3）：151−160.
② 白晓，王超，2019. 婚姻状态和死亡率：审视中国的 Farr-Bertillon 效应：基于 1990 和 2010 年人口普查数据 [J]. 人口学刊，41（4）：18−27.

续表

变量	弹性系数	集中指数	对总体集中指数贡献	贡献率（%）
婚姻类型	0.042 2	−0.007 8	−0.000 3	−0.276
性别	0.043 4	0.134 9	0.005 9	5.428
教育年限	0.102 1	0.088 3	0.009 0	8.280
家庭规模	−0.015 5	0.124 8	−0.001 9	−1.748
家庭收入	0.309 1	0.113 6	0.035 1	32.292
家庭消费	0.046 7	0.063 8	0.003 0	2.760
子女经济支持	0.033 9	0.089 4	0.003 0	2.760
与其他人居住	−0.006 2	−0.029 6	0.000 2	0.184
与子女居住	0.021 8	−0.030 8	−0.000 7	−0.644
与配偶居住	0.004 2	−0.084 9	−0.000 4	−0.368
喝酒	0.019 8	−0.016 5	−0.000 3	−0.276
睡眠时长	0.048 1	0.078 6	0.003 8	3.496
吸烟	−0.034 8	0.028 6	−0.001 0	−0.920
社交活动频率	0.087 4	0.030 5	0.002 7	2.484

具体来看，家庭收入是造成城镇居民健康不平等的首要因素，对城镇居民健康不平等的贡献为 0.035 1，贡献率达到 32.292%，这说明我国不同家庭收入水平的城镇居民间存在较大的健康差异。家庭收入的集中指数为 0.113 6，说明城镇居民家庭收入分布存在偏富人现象；家庭收入弹性系数为 0.309 1，表明城镇居民健康对收入极为敏感。在集中指数和弹性系数的共同作用下，家庭收入加剧了城镇居民健康不平等。

教育年限对城镇居民健康不平等的贡献为 0.009 0，贡献率为 8.280%，即城镇居民的教育年限倾向于扩大健康不平等。教育年限的弹性系数为 0.102 1，教育年限集中指数为 0.088 3，教育年限对健康具有正效应，而收入水平较高的城镇居民教育年限更长，更多地享受了教育对健康的正效应，因此教育年限加剧了城镇居民健康不平等。

性别对城镇居民健康不平等的贡献为 0.005 9，贡献率为 5.428%，即男性和女性城镇居民间健康差异较大。性别的弹性系数为 0.043 4，集中指数为 0.134 9，这表明与女性城镇居民相比，男性城镇居民健康状况更好且男性城镇居民高收入者居多，因此性别加剧了城镇居民健康不平等。

睡眠时长对城镇居民健康不平等的贡献为 0.003 8，贡献率占 3.496%，即不同睡眠时长的城镇居民间健康差异较大。睡眠时长的弹性系数为 0.048 1，集中指数为 0.078 6，睡眠时长对城镇居民健康具有正效应，且睡眠时长较长的城镇居民高收入者较多，因此，睡眠时长成为加剧城镇居民健康不平等的重要因素。

家庭消费和子女经济支持对城镇居民健康不平等的贡献均为 0.003 0，贡献率同为 2.760%，说明家庭消费和子女经济支持扩大了城镇居民健康不平等。家庭消费的集中指数为 0.063 8，弹性系数为 0.046 7，表明高水平家庭消费的分布是偏向于富人的且家庭消费对城镇居民健康具有正效应。因此，家庭消费加剧了城镇居民健康不平等。子女经济支持的集中指数为 0.089 4，表明较多获得子女经济支持的城镇居民高收入者居多；子女经济支持弹性系数为 0.033 9，表明子女经济支持对城镇居民健康具有正效应。在集中指数和弹性系数的共同作用下，子女经济支持成为加剧城镇居民健康不平等的重要因素之一。

社交活动频率对城镇居民健康不平等的贡献为 0.002 7，贡献率为 2.484%，表明城镇居民健康存在明显的社交活动频率差异。社交活动频率的集中指数为 0.030 5，表明高收入水平城镇居民的社交活动频率更高。社交活动频率的弹性系数为 0.087 4，即社交活动频率对城镇居民健康具有正效应。在集中指数和弹性系数的共同作用下，社交活动频率扩大了城镇居民健康不平等。

此外，与其他人居住对城镇居民健康不平等的贡献为正，但贡献率比较小。

城乡居民基本医疗保险对城镇居民健康不平等的贡献率为 −13.340%，其中，城乡居民基本医疗保险的集中指数为 −0.050 1，即城乡居民基本医疗保险覆盖了更多的低收入城镇居民。弹性系数为 0.289 2，说明城乡居民基本医疗保险有助于改善城镇居民的健康状况。在集中指数与其弹性系数的共同作用下，城乡居民基本医疗保险对缓解城镇居民健康不平等发挥了重要作用。

年龄对城镇居民健康不平等的贡献为-0.009 6，贡献率达到-8.832%。年龄的弹性系数为-0.107 2，表明较大的年龄对城镇居民健康有负效应。年龄的集中指数为0.089 9，表明年龄较大的城镇居民大多分布于高收入人群，两者共同作用缓解了城镇居民健康不平等。

家庭规模对城镇居民健康不平等的贡献为-0.001 9，对城镇居民健康不平等的贡献率为-1.748%，表明家庭规模缓解了城镇居民健康不平等。家庭规模的弹性系数为-0.015 5，表明较大的家庭规模对城镇居民健康具有负效应。家庭规模的集中指数为0.124 8，表明较大的家庭规模分布存在亲富人现象，即规模较大的家庭收入水平往往较高。

吸烟对城镇居民健康不平等的贡献为-0.001 0，贡献率为-0.920%，表明吸烟能够缓解城镇居民健康不平等。吸烟的弹性系数为-0.034 8，表明吸烟对健康产生了不良影响。吸烟的集中指数为0.028 6，即吸烟者主要分布在高收入城镇居民中。

与子女居住对城镇居民健康不平等的贡献为-0.000 7，贡献率为-0.644%，表明与子女居住能够缓解城镇居民健康不平等。与子女居住的集中指数为-0.030 8，表明与子女居住的城镇居民主要分布在低收入者中。与子女居住的弹性系数为0.021 8，表明与子女居住有利于健康。因此，与子女居住缓解了城镇居民健康不平等。

与配偶居住对城镇居民健康不平等的贡献为-0.000 4，贡献率为-0.368%，表明与配偶居住能够缓解城镇居民健康不平等。与配偶居住的集中指数为-0.084 9，表明与配偶居住的城镇居民主要分布在低收入者中。与配偶居住的弹性系数为0.004 2，表明与配偶居住有利于健康。因此，与配偶居住是缓解城镇居民健康不平等的关键因素。

婚姻类型对城镇居民健康不平等的贡献为-0.000 3，贡献率为-0.276%，表明婚姻能够缓解城镇居民健康不平等。婚姻类型的弹性系数为0.042 2，表明婚姻有利于城镇居民健康。婚姻类型的集中指数为-0.007 8，即有配偶者多分布于低收入城镇居民。在弹性系数和集中指数的共同作用下，婚姻缓解了城镇居民健康不平等。

喝酒对城镇居民健康不平等的贡献为-0.000 3，贡献率为-0.276%，表明喝酒降低了城镇居民健康不平等。喝酒的集中指数为-0.016 5，表明喝酒者集中分布在低收入城镇居民中。

需要特别说明的是，尽管分解结果显示，喝酒对健康具有正效应，但并不代表喝酒对健康有益。由于喝酒带来的不良影响，很多中老年人可能因此已去世，不在样本中，而在样本中的这部分中老年人对酒精具有较强的耐受力。

5.2.3　农村居民健康不平等的分解

表5-3为农村居民健康不平等的分解结果。对于农村居民健康不平等的贡献为正的因素中，按贡献从大到小排序分别是家庭收入、教育年限、性别、子女经济支持、睡眠时长、社交活动频率、家庭消费和与其他人居住；对农村居民健康不平等的贡献为负的因素中，按贡献从大到小排序依次是城乡居民医疗保险、年龄、家庭规模、吸烟、与子女居住、与配偶居住和喝酒、婚姻类型。

表5-3　农村居民健康不平等分解结果

变量	弹性系数	集中指数	对总体集中指数贡献	贡献率（%）
城乡居民基本医疗保险	0.254 2	-0.112 8	-0.028 7	-11.150
年龄	-0.095 6	0.082 9	-0.007 9	-3.082
婚姻类型	0.044 8	-0.006 4	-0.000 3	-0.111
性别	0.045 8	0.102 8	0.004 7	1.831
教育年限	0.113 4	0.090 5	0.010 3	3.991
家庭规模	-0.014 7	0.104 8	-0.001 5	-0.599
家庭收入	0.280 4	0.124 1	0.034 8	13.531
家庭消费	0.046 7	0.046 9	0.002 2	0.852
子女经济支持	0.042 3	0.098 5	0.004 2	1.620
与其他人居住	-0.003 4	-0.030 8	0.000 1	0.041

续表

变量	弹性系数	集中指数	对总体集中指数贡献	贡献率（%）
与子女居住	0.033 5	−0.028 6	−0.001 0	−0.373
与配偶居住	0.008 5	−0.091 2	−0.000 8	−0.301
喝酒	0.029 8	−0.013 9	−0.000 4	−0.161
睡眠时长	0.042 2	0.076 4	0.003 2	1.254
吸烟	−0.035 6	0.030 4	−0.001 1	−0.421
社交活动频率	0.088 9	0.031 3	0.002 8	1.082

具体来看，家庭收入依然是造成农村居民健康不平等的首要因素，对农村居民健康不平等的贡献为 0.034 8，贡献率达到 13.531%，这说明我国不同家庭收入水平的农村居民间存在较大的健康差异。农村居民家庭收入的集中指数为 0.124 1，说明农村居民家庭收入分布不平等普遍存在。家庭收入弹性系数为 0.280 4，表明农村居民健康对收入极为敏感，收入的提高改善了健康，收入差距的拉大也扩大了农村居民健康不平等。城镇居民家庭收入弹性系数为 0.309 1，集中指数为 0.113 6，城镇居民健康对家庭收入比农村居民健康对家庭收入更加敏感，但是农村居民家庭收入分布的不平等程度高于城镇居民家庭。

教育年限对农村居民健康不平等的贡献为 0.010 3，贡献率为 3.991%。教育年限对农村居民健康不平等的贡献仅次于家庭收入，且农村居民的教育年限倾向于扩大健康不平等。农村居民教育年限的弹性系数为 0.113 4，教育年限集中指数为 0.090 5，教育年限对健康具有正效应，而收入水平较高的农村居民教育年限比收入水平较低的农村居民更长，收入水平较高的农村居民更多地享受了教育对健康的正效应，因此教育年限加剧了农村居民健康不平等。城镇居民教育年限弹性系数为 0.102 1，集中指数为 0.088 3，农村居民健康对教育年限比城镇居民健康对教育年限更敏感，农村较长的受教育年限分布与城镇相比更偏向于富人。

性别对农村居民健康不平等的贡献为 0.004 7，贡献率为 1.831%，即男性和女性农村居民间健康差异较大。性别的弹性系数为 0.045 8，集中指数为0.102 8，这表明与女性农村居民相比，男性农村居民健康状况更好且男性农村居民高收入者较多，因此性别加剧了农村居民健康不平等。城镇居民性别弹性系数为0.043 4，集中指数为0.134 9，与城镇居民相比，农村居民健康对性别比城镇居民健康对性别更为敏感，但是城镇居民男性分布比农村更偏向于富人。

子女经济支持对农村居民健康不平等的贡献为0.004 2，贡献率为1.620%，子女经济支持的差异拉大了健康不平等。子女经济支持的集中指数为0.098 5，表明较多获得子女经济支持的农村居民主要分布在高收入家庭中。子女经济支持弹性系数为0.042 3，表明子女经济支持对农村居民健康具有正效应。在集中指数和弹性系数的共同作用下，子女经济支持成为加剧农村居民健康不平等的贡献因素之一。城镇居民子女经济支持弹性系数为0.033 9，集中指数为0.089 4，与城镇居民相比，农村居民健康对子女经济支持更为敏感，并且较多获得子女经济支持的农村居民分布更偏向于富人。

睡眠时长对农村居民健康不平等的贡献为0.003 2，贡献率占1.254%，即不同睡眠时长的农村居民健康差异较大。睡眠时长的弹性系数为0.042 2，集中指数为0.076 4，睡眠时长对农村居民健康具有正效应，且睡眠时长较长的农村居民主要分布在高收入者中。因此，睡眠时长成为拉大农村居民健康不平等的重要因素。城镇居民睡眠时长的弹性系数为0.048 1，集中指数为0.078 6，城镇居民健康对睡眠时长比农村居民更为敏感，睡眠时长较长的城镇居民分布比农村居民更偏向于富人。

社交活动频率对农村居民健康不平等的贡献为0.002 8，贡献率为1.082%，表明社交活动频率差异是拉大农村居民健康不平等的重要因素。社交活动频率的集中指数为0.031 3，表明高社交活动频率者的分布偏向高收入农村居民。社交活动频率的弹性系数为0.088 9，即社交活动频率对农村居民健康具有正效应。在集中指数和弹性系数的共同作用下，社交活动频率扩大了农村居民健康不平等。城镇居民社交活动频率的弹性系数为0.087 4，集中指数为0.030 5，与城镇居民相比，农村居民健康对社交活动频率更为敏感，但城镇居民中高社交活动频率者的分布更倾向于富人。

家庭消费对农村居民健康不平等的贡献为0.002 2，贡献率为0.852%，说明家庭消费的差异扩大了农村居民健康不平等。家庭消费的集中指数为0.046 9，弹性系数为0.046 7，表明高水平家庭消费集中分布在高收入家庭且家庭消费对农村居民健康具有正效应。因此，家庭消费加剧了农村居民健康不平等。城镇居民家庭消费弹性系数为0.046 7，集中指数为0.063 8，城镇和农村居民健康对家庭消费的敏感度是一样的，但是城镇居民家庭消费较高者的分布与农村相比更偏向于富人。

城乡居民基本医疗保险对农村居民健康不平等的贡献为-0.028 7，贡献率为-11.150%。其中，城乡居民基本医疗保险的集中指数为-0.112 8，即城乡居民基本医疗保险覆盖了更多的低收入农村居民；弹性系数为0.254 2，说明城乡居民基本医疗保险有助于改善农村居民的健康状况。在集中指数与其弹性系数的共同作用下，城乡居民基本医疗保险对缓解农村居民健康不平等发挥了重要作用。城镇居民医疗保险弹性系数为0.289 2，集中指数为-0.050 1，与农村居民相比，城镇居民健康对医疗保险更为敏感，但是医疗保险在农村的分布比在城镇更偏向于穷人。

年龄对农村居民健康不平等的贡献为-0.007 9，贡献率达到-3.082%。年龄的弹性系数为-0.095 6，年龄较大的农村居民健康状况普遍较差。年龄的集中指数为0.082 9，表明年龄较大的农村居民大多分布于高收入人群，两者共同作用缓解了农村居民健康不平等。城镇居民年龄弹性系数为-0.107 2，集中指数为0.089 9，城镇居民健康对年龄比农村居民健康对年龄更敏感，城镇居民年长者分布与农村相比更偏向于富人。

农村居民家庭规模的集中指数为0.104 8，表明规模较大的家庭收入较高。农村居民家庭规模弹性系数为-0.014 7，即家庭规模较大不利于农村居民的健康。家庭规模对农村居民健康不平等的贡献为-0.001 5，对农村居民健康不平等的贡献率为-0.599%，表明家庭规模的扩大有助于缩小农村居民健康不平等。城镇居民家庭规模弹性系数为-0.015 5，集中指数为0.124 8，相比之下，城镇居民健康对家庭规模更为敏感，城镇规模较大的家庭分布更偏向于富人。

吸烟对农村居民健康不平等的贡献为-0.001 1，贡献率为-0.421%。吸烟的集中指数为-0.030 4，即吸烟者主要分布在低收入农村居民中。吸烟的弹性系数为 0.035 6，我们认为这可能是因为吸烟能够带来精神愉悦，但吸烟带来的精神愉悦远远小于吸烟对身体健康的损害，不代表吸烟有利于健康。城镇居民吸烟的弹性系数为 -0.034 8，集中指数为 0.028 6，相比而言，农村居民健康对吸烟比城镇居民更敏感，农村吸烟者的分布更偏向于穷人。

与子女居住对农村居民健康不平等的贡献为 -0.001 0，贡献率为 -0.373%，表明与子女居住能够缓解农村居民健康不平等。与子女居住的集中指数为 -0.028 6，表明与子女居住的农村居民主要分布在低收入者中。与子女居住的弹性系数为 0.033 5，表明与子女居住有利于农村居民健康。因此，与子女居住缓解了农村居民健康不平等。在城镇居民中，与子女居住的弹性系数为 0.021 8，与子女居住的集中指数为 -0.030 8，相比之下，农村居民健康对与子女居住更为敏感，而城镇居民中与子女居住者的分布更偏向于穷人。

与配偶居住对农村居民健康不平等的贡献为 -0.000 8，贡献率为 -0.301%，表明与配偶居住能够缓解农村居民健康不平等。与配偶居住的集中指数为 -0.091 2，表明与配偶居住的农村居民主要分布在低收入者中。与配偶居住的弹性系数为 0.008 5，表明与配偶居住有利于健康。因此，与配偶居住是缓解农村居民健康不平等的关键因素。在城镇居民中，与配偶居住的弹性系数为 0.004 2，集中指数为 -0.084 9，相比之下，农村居民健康对与配偶居住更为敏感，而且，在农村居民与配偶居住者的分布比城镇居民更偏向于穷人。

此外，喝酒、婚姻类型对农村居民健康不平等的贡献均为负，但贡献率较小。

5.3 健康不平等的变化与分解

5.3.1 居民健康不平等与城乡居民基本医疗保险贡献的变化

进一步地，本项研究分年度探讨居民健康不平等的变化（见表5-4）。

表5-4　分年度居民健康不平等程度及城乡居民基本医疗保险的贡献

Panel A	全样本				
变量	健康集中指数	弹性系数	集中指数	对总体集中指数贡献	贡献率（%）
2013 年	0.402 6	0.289 4	-0.141 8	-0.041	-9.82
2015 年	0.473 8	0.268 9	-0.158 2	-0.042 5	-11.15
Panel B	城镇样本				
2013 年	0.618 6	0.280 8	-0.158 7	-0.044 6	-13.87
2015 年	0.879 1	0.297 3	-0.182 4	-0.054 2	-16.22
Panel C	农村样本				
2013 年	0.293 3	0.274 4	-0.130 9	-0.035 9	-8.17
2015 年	0.385 8	0.290 2	-0.140 4	-0.040 7	-9.48

在城乡居民样本中，2013 年和 2015 年健康集中指数分别为 0.402 6 和 0.473 8，说明随着时间的推移，不同收入城乡居民健康不平等程度有所扩大。城乡居民基本医疗保险在 2013 年和 2015 年对健康集中指数的贡献率分别为-9.82%和-11.15%，表明城乡居民基本医疗保险对缩小健康不平等起到了一定作用，并且对缩小健康不平等的贡献在扩大。2013 年和 2015 年城乡居民基本医疗保险的弹性系数分别为 0.289 4 和 0.268 9，表明城乡居民健康对城乡居民基本医疗保险的实施比较敏感，城乡居民基本医疗保险改善了城乡居民健康。2013 年和 2015 年城乡居民基本医疗保险的集中指数分别为-0.141 8 和-0.158 2，表明随着时间的推移城乡居民基本医疗保险覆盖了更多的低收入人群。从样本数据也可以看出，2013 年参加城乡居民基本医疗保险的居民家庭收入高于参加新农合或城镇居民医疗保险的居民，而 2015 年参加城乡居民基本医疗保险的居民家庭收入低于参加新农合或城镇居民医疗保险的家庭。由于参加城乡居民基本医疗保险需要居民缴纳若干数额的保费，在城乡居民基本医疗保险实施初期，参保者多来自收入状况比较好的家庭，随着参保者受益，参加城乡居民基本医疗保险的"示范效应"会激发未参保居民的参保积极性。这一方面使城乡居民基本医疗保险覆盖了

更多的低收入人群，另一方面由于城乡居民基本医疗保险在前期对改善城乡居民健康的边际收益较大，随着时间的推移，城乡居民基本医疗保险对改善城乡居民健康的效应有所下降。但总体来看，城乡居民基本医疗保险对缓解城乡居民健康不平等的作用在不断增强。

从城镇居民样本来看，2013 年和 2015 年的健康集中指数分别是 0.618 6 和 0.879 1，说明不同收入城镇居民健康不平等程度有所加剧。城乡居民基本医疗保险在 2013 年和 2015 年对健康集中指数的贡献率分别为 −13.87% 和 −16.22%，表明城乡居民基本医疗保险有助于缩小城镇居民健康不平等，并且对缩小健康不平等的贡献在扩大。2013 年和 2015 年城乡居民基本医疗保险的弹性系数分别为 0.280 8 和 0.297 3，表明城镇居民健康对城乡居民基本医疗保险的实施比较敏感，城乡居民基本医疗保险对改善城镇居民健康的作用在不断增强。2013 年和 2015 年城乡居民基本医疗保险的集中指数分别为 −0.158 7 和 −0.182 4，表明随着时间的推移，城乡居民基本医疗保险覆盖了更多的低收入城镇居民。

从农村居民样本来看，不同收入农村居民健康不平等程度同样也在扩大，2013 年和 2015 年的健康集中指数分别是 0.293 3 和 0.385 8。城乡居民基本医疗保险在 2013 年和 2015 年对健康集中指数的贡献率分别为 −8.17% 和 −9.48%，表明城乡居民基本医疗保险有助于缩小农村居民健康不平等，并且对缩小农村居民健康不平等的贡献在扩大。2013 年和 2015 年城乡居民基本医疗保险的弹性系数分别为 0.274 4 和 0.290 2，表明农村居民健康对城乡居民基本医疗保险的实施比较敏感，城乡居民基本医疗保险对改善农村居民健康的作用在不断增强。2013 年和 2015 年城乡居民基本医疗保险的集中指数分别为 −0.130 9 和 −0.140 4，表明随着时间的推移，城乡居民基本医疗保险覆盖了更多的低收入农村居民。

5.3.2 城乡居民基本医疗保险对健康不平等变化的贡献来源

本项研究对集中指数的变化进行分解，以进一步考察城乡居民基本医疗保险作用于健康不平等的变化来源。具体分为 2011—2015 年、2011—2013 年、2013—2015 年三个区间（见表 5-5）。

表 5-5 城乡居民基本医疗保险对集中指数变化贡献的来源

年份	城乡居民基本医疗保险的贡献	集中指数变化的贡献	弹性系数变化的贡献
Panel A	全样本		
2011-2015	-0.046 6	-0.040 8	-0.005 8
2011-2013	-0.043 9	-0.038 1	-0.005 8
2013-2015	-0.042 8	-0.032 5	-0.010 3
Panel B	城镇		
2011-2015	-0.051 2	-0.042 5	-0.008 7
2011-2013	-0.050 8	-0.039 6	-0.011 2
2013-2015	-0.049 6	-0.035 9	-0.013 7
Panel C	农村		
2011-2015	-0.044 5	-0.038 9	-0.005 6
2011-2013	-0.041 8	-0.035 4	-0.006 4
2013-2015	-0.040 4	-0.030 1	-0.010 3

注：集中指数变化的贡献由上期弹性乘以集中指数的变化得到，弹性系数变化的贡献由当期集中指数乘以弹性的变化得到。

根据公式（5.7），本项研究将城乡居民基本医疗保险对集中指数变化的贡献分解为两部分：集中指数变化的贡献和弹性系数变化的贡献。分解结果表明，从全样本来看，2013—2015 年，城乡居民基本医疗保险对健康集中指数变化的贡献主要来自城乡居民基本医疗保险对集中指数变化的贡献。从表 5-4 可知，在全样本中，城乡居民基本医疗保险的集中指数从 2013 年的 -0.141 8 下降到 2015 年的 -0.158 2，表明就覆盖率而言，城乡居民基本医疗保险覆盖了更多的低收入人群，与收入相关的城乡居民基本医疗保险覆盖率不平等在缩小。但是，城乡居民基本医疗保险的弹性系数从 2013 年的 0.289 4 下降到 2015 年的 0.268 9，意味着在 2013 年城乡居民基本医疗保险覆盖率每增加 1%，城乡居民健康水平提高 28.94%，而在 2015 年城乡居民基本医疗保险覆盖率每增加 1%，城乡居民健康水平提高 26.89%。这说明城乡居民基本医疗保险覆盖了越来越多的低收入城乡居民，城乡居民基本医疗保险在 2015 年对这部分人群的健康改善作用虽与 2013 年相比有所下降，但依然对健康具有正向影响。

从城镇居民样本来看，2013—2015 年，城乡居民基本医疗保险对城镇居民健康集中指数变化的贡献主要来自城乡居民基本医疗保险对集中指数变化的贡献。从表 5-4 可知，在城镇居民样本中，城乡居民基本医疗保险的集中指数从 2013 年的 -0.158 7 下降到 2015 年的 -0.182 4，表明就覆盖率而言，城乡居民基本医疗保险覆盖了更多的低收入城镇居民，与收入相关的城乡居民基本医疗保险覆盖率不平等在缩小。但是，城乡居民基本医疗保险的弹性系数从 2013 年的 0.280 8 增长到 2015 年的 0.297 3，意味着在 2013 年城乡居民基本医疗保险覆盖率每增加 1%，城镇居民健康水平提高 28.08%，而在 2015 年城乡居民基本医疗保险覆盖率每增加 1%，城镇居民健康水平提高 29.73%。这说明城乡居民基本医疗保险覆盖了越来越多的低收入城镇居民，并且城乡居民基本医疗保险在 2015 年对这部分人群的健康改善作用与 2013 年相比有所增强。

从农村居民样本来看，2013—2015 年，城乡居民基本医疗保险对农村居民健康集中指数变化的贡献主要来自城乡居民基本医疗保险对集中指数变化的贡献。从表 5-4 可知，在农村居民样本中，城乡居民基本医疗保险的集中指数从 2013 年的 -0.130 9 下降到 2015 年的 -0.140 4，表明就覆盖率而言，城乡居民基本医疗保险覆盖了更多的低收入农村居民，与收入相关的城乡居民基本医疗保险覆盖率不平等在缩小。但是，城乡居民基本医疗保险的弹性从 2013 年的 0.274 4 增长到 2015 年的 0.290 2，意味着在 2013 年城乡居民基本医疗保险覆盖率每增加 1%，农村居民健康水平提高 27.44%，而在 2015 年城乡居民基本医疗保险覆盖率每增加 1%，农村居民健康水平提高 29.02%。这说明城乡居民基本医疗保险覆盖了越来越多的低收入农村居民，并且城乡居民基本医疗保险在 2015 年对这部分人群的健康改善作用与 2013 年相比有所增强。结合上述分析，本项研究推测城乡居民基本医疗保险对居民健康的改善作用体现在了不同收入的人群中。

5.4　城乡居民基本医疗保险作用于健康不平等的渠道

为检验上述推测，本项研究将城乡居民样本按收入五等分进行分样本回归，探讨城乡居民基本医疗保险对不同收入城乡居民健康状况改善程度的差异（见表5-6）。结果显示，城乡居民基本医疗保险对较低收入组城乡居民的健康改善作用最大，这部分城乡居民自评健康得分提高约0.124，较高收入组城乡居民自评健康得分也提高了0.093。此外，最低收入组城乡居民的自评健康得分提高了约0.059，中等收入组城乡居民自评健康得分提高了0.031，最高收入组城乡居民自评健康得分增幅最小，仅仅提高了0.023。由此可得，城乡居民基本医疗保险对不同收入家庭城乡居民健康均起到了改善作用，但较低收入组城乡居民健康因城乡居民基本医疗保险获得的改善最大，其余依次为较高收入组、最低收入组、中等收入组、最高收入组城乡居民。城乡居民基本医疗保险普遍提高了城乡居民的健康水平，尤其是极大改善了中低收入城乡居民的健康状况，成为城乡居民基本医疗保险缓解城乡居民健康不平等的重要渠道。

表5-6　城乡居民基本医疗保险对不同收入样本健康改善差异（全样本）

变量	全样本				
	最低收入组	较低收入组	中等收入组	较高收入组	最高收入组
城乡居民基本医疗保险	0.059 ***	0.124 **	0.031 ***	0.093 *	0.023 ***
	(0.009)	(0.056)	(0.006)	(0.056)	(0.006)
其他变量	YES	YES	YES	YES	YES
Constant	2.767 ***	2.893 ***	3.233 ***	2.951 ***	2.828 ***
	(0.203)	(0.189)	(0.210)	(0.205)	(0.219)
Observations	5 592	5 649	5 184	5 040	4 461

注：***、**、*分别表示在1%、5%、10%统计水平上显著。

另外，本项研究还将城乡居民样本进一步分为城镇居民和农村居民样本，分别探讨城乡居民基本医疗保险对不同收入的城镇和农村居民健康改善的差异。

表5-7显示，将城镇居民样本按收入五等分时，城乡居民基本医疗保险对不同收入城镇居民健康改善的情况。城乡居民基本医疗保险对较高收入组城镇居民的健康改善作用最大，这部分城镇居民自评健康得分提高约0.095 6，较低收入组城镇居民自评健康得分也提高了0.083 1。此外，最低收入组城镇居民的自评健康得分提高了约0.059 2，最高收入组城镇居民自评健康得分提高了0.033 7，中等收入组城镇居民自评健康得分增幅最小，仅仅提高了0.012 4。由此可得，城乡居民基本医疗保险对不同收入家庭城镇居民健康均起到了改善作用，但较高收入组城镇居民健康因城乡居民基本医疗保险获得的改善最大，其余依次为较低收入组、最低收入组、最高收入组、中等收入组的城镇居民。城乡居民基本医疗保险虽然对较高收入组城镇居民健康改善作用最大，但也普遍提高了低收入和中等收入城镇居民的健康水平，这成为城乡居民基本医疗保险缓解城镇居民健康不平等的重要渠道。

表5-7　城乡居民基本医疗保险对不同收入样本健康改善差异（城镇居民样本）

变量	城镇				
	最低收入组	较低收入组	中等收入组	较高收入组	最高收入组
城乡居民基本医疗保险	0.059 2 ***	0.083 1 ***	0.012 4 ***	0.095 6 ***	0.033 7 ***
	（0.008）	（0.007）	（0.003）	（0.007）	（0.003）
其他变量	YES	YES	YES	YES	YES
Constant	2.789 ***	2.588 ***	2.753 ***	3.457 ***	2.842 ***
	（0.334）	（0.394）	（0.379）	（0.346）	（0.367）
Observations	1 706	1 112	1 266	1 556	1 532

注：***、**、*分别表示在1%、5%、10%统计水平上显著。

表5-8显示，将农村居民样本按收入五等分时，城乡居民基本医疗保险对不同收入农村居民健康改善的情况。城乡居民基本医疗保险对中等收入组农村居民的健康改善作用最大，这部分农村居民自评健康得分提高约

0.198，较高收入组农村居民自评健康得分也提高了 0.171。此外，最低收入组农村居民的自评健康得分提高了约 0.129，最高收入组农村居民自评健康得分提高了 0.126，较低收入组农村居民自评健康得分增幅最小，仅仅提高了 0.112。由此可得，城乡居民基本医疗保险对不同收入家庭农村居民健康均起到了改善作用，但中等收入组农村居民健康因城乡居民基本医疗保险获得的改善最大，其余依次为较高收入组、最低收入组、最高收入组、较低收入组的农村居民。城乡居民基本医疗保险普遍提高了农村居民的健康水平，对中等收入组农村居民健康改善作用最大，这成为城乡居民基本医疗保险缓解农村居民健康不平等的重要渠道。

表5-8　城乡居民基本医疗保险对不同收入样本健康改善差异（农村居民样本）

变量	农村				
	最低收入组	较低收入组	中等收入组	较高收入组	最高收入组
城乡居民基本医疗保险	0.129 ***	0.112 ***	0.198 ***	0.171 ***	0.126 ***
	(0.008)	(0.006)	(0.002)	(0.005)	(0.003)
其他变量	YES	YES	YES	YES	YES
Constant	3.014 ***	2.934 ***	3.499 ***	3.032 ***	3.048 ***
	(0.222)	(0.229)	(0.238)	(0.247)	(0.264)
Observations	4 120	4 587	4 001	3 558	2 997

注：***、**、*分别表示在1%、5%、10%统计水平上显著。

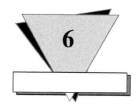

6

城乡居民基本医疗保险
缓解健康不平等的机制分析

本书第五章证实了城乡居民基本医疗保险具有缓解健康不平等的作用。那么，城乡居民基本医疗保险是如何发挥作用的呢？本章试图从医疗服务可及性和医疗服务利用水平两方面出发，构建城乡居民基本医疗保险缓解健康不平等的作用机制，并通过模型加以验证。

6.1　机制建构

6.1.1　医疗服务可及性

医疗服务可及性由 Anderson 于 1968 年提出[1]。他认为，医疗服务可及性是个人实际享有的医疗服务量和获得医疗服务的便捷程度[2]。世界卫生组织在 2000 年世界卫生报告中提出，医疗服务可及性是居民获得最基本医疗服务的难易程度，即居民到医疗机构的方便程度[3]。Goddard 和 Smith（2001）认为，医疗服务可及性涉及患者进入医疗服务体系，医疗服务提供者提供医疗服务、得到患者的信任并满足患者的医疗服务需求[4]。Taylor（2001）提出医疗服务可及性体现在四个方面，分别是地理位置上接近、方便需求方使用、提供方和需求方亲切的关系及公平合理的医疗服务价格[5]。随着卫生经济学理论的发展，医疗服务可及性被定义为在居民患病需要就医时能持续、有组织地为其提供易获得的医疗服务[6]，是衡量医疗服务质量和公平的重要指标。首先，在内容和数量上，医疗服务能够满足居民基本需要。其次，在提供方式上，医疗服务的费用要在居民的支付能力内。因此，

---

① Anderson R M, 1968. A behavioral model of families' use of health services [J]. Center for Health Administration Studies (2)：102-111.

② Anderson R M, 1995. Revisiting the behavioral model and access to medical care：Does it matter? [J]. Journal of Health and Social Behavior (1)：1-10.

③ World Health Organization, 2000. Health system：Improving performance [R]. Geneva：WHO.

④ Goddard M, Smith P, 2001. Equity of access to health care services：Theory and evidence from the UK [J]. Social Science and Medicine (9)：1149-1162.

⑤ Taylor R B, 2001. Family medicine：Principles and practice [M]. New York：Springer-Verlag Inc.

⑥ 朱莉华，曹乾，王健，2009. 居民健康与卫生保健及医疗服务的可及性关系：基于 CHNS 2006 年数据的实证研究 [J]. 经济研究导刊 (13)：205-207.

医疗服务可及性分为两类：一类是供方可及性，即医疗服务资源的供给是否充足和公平，也被称为绝对可及性，供方可及性多用居民到达最近医疗机构的距离和所需时间、该医疗机构的人均床位数等衡量；另一类是需方可及性，即居民个人是否有能力获得并使用医疗服务，又被称为相对可及性，通常多用家庭收入、个人受教育年限等衡量需方可及性。

（1）医疗服务可及性的城乡差别

健康权是个人的基本权利，因此，医疗服务也是个人的基本需要和基本福利，这意味着每个人在身患疾病时都应获得必要的医疗服务，而不受个人社会经济地位影响。2009年，《关于深化医药卫生体制改革的意见》提出："把保障人民健康权放在第一位，实现人人享有基本医疗卫生服务。"公平正义是医疗服务的核心价值原则，适宜的医疗服务可及性不仅关系到保障人民健康权，也是确保健康公平的关键。受城乡二元结构影响，我国城乡居民的医疗服务可及性差异较大。具体来看，由于农村的道路交通便利度不如城市，以及村卫生室数量不断下降，农村居民就医的距离可及性不如城市居民；由于城乡居民收入差距悬殊，农民人均纯收入增幅较小，在某些年份甚至低于门诊和住院费用涨幅，农村医疗保障覆盖率远低于城市，农村居民在经济可及性方面不如城市居民；在资源可及性方面，农村卫生总费用和人均卫生费用均远低于城市，城乡卫生人才数量和质量差异悬殊，大型医疗设备也集中在城市；从地区差异来看，东部地区乡镇卫生人员数量、床位数总量和人均占有量均高于西部和中部农村，东部地区乡村医生和卫生员总数以及千人比高于中部和西部农村，即城乡之间和不同地区间农村医疗服务可及性差异较大[①]。顾海等（2009）基于无锡、泰州、盐城三市城镇居民医疗保险参保居民调查数据，以居民微观满意度为视角分析了城镇居民医疗服务可及性状况。三市居民认为，在社区医疗服务机构就诊比较便捷，但对定点医疗机构的服务水平和硬件设施满意度较低，进一步的集中指数分析指出低收入人群普遍认为在社区医疗服务机构就医比较方便、对定点医疗机构的服务水

① 张丽琴，王勤，唐鸣，2007. 医疗卫生服务的差异分析与均等化对策 [J]. 社会主义研究（6）：110-114.

平和硬件设施较为满意，低收入人群的健康状况较差且对医疗服务利用较多①。尽管政府不断努力缩小城乡医疗卫生服务水平差距，推动城乡医疗卫生服务均等化，但医疗卫生服务可及性的城乡差别依然存在。熊跃根等（2016）研究指出，由于城乡二元结构的影响，城乡居民因身份不同，在医疗服务供给、医疗保险政策补偿保障水平及教育水平上存在明显差异，农村居民在医疗服务可及性方面处于不利地位②。具体来看，城市居民就医次数显著多于农村居民，城市的医疗服务利用水平也高于农村，增强农村医疗服务可及性、提高农村医疗服务质量是当前医疗服务体系建设的重点内容③。医疗服务可及性是社会公平正义在医疗服务领域的体现，医疗服务可及性与居民的公共医疗公平感息息相关。医疗服务可及性如医院类型、医疗费用、对医生的信任度、基本医疗保障类型及满意度等指标均会显著影响民众的公共医疗公平感。具体来看，在城市二级医院和农村县级医院就医、能够在现居地进行医保结算、对基本医疗保障表示满意的民众的公共医疗公平感更高，而认为医疗费用太高、对医生信任度较低、受城镇职工基本医疗保险保障的民众公共医疗公平感较低④。因此，缩小城乡医疗服务可及性差异，既关系到医疗服务领域公平的实现，保障居民健康公平，也关系到整个社会公平正义的实现。

（2）医疗保险与医疗服务可及性

一些学者还关注了医疗保险政策的实施对居民医疗服务可及性的影响。一般来讲，拥有医疗保险能够显著增强居民的医疗服务可及性⑤。其中，降

① 顾海，李佳佳，2009. 江苏省城镇居民医疗保险受益公平性研究：基于收入差异视角 [J]. 学海（6）：81-85.

② 熊跃根，黄静，2016. 我国城乡医疗服务利用的不平等研究：一项基于 CHARLS 数据的实证分析 [J]. 人口学刊，38（6）：62-76.

③ 李海明，2018. 供方诱导需求视角的就医行为研究：基于 CHARLS 数据的实证分析 [J]. 中央财经大学学报（11）：117-128.

④ 麻宝斌，杜平，2019. 医疗卫生服务可及性如何影响民众的公共医疗公平感：基于七省市问卷调查数据的分析 [J]. 甘肃行政学院学报（1）：56-63.

⑤ Freeman J D, Kadiyala S, Bell J F, et al. , 2008. The causal effect of health insurance on utilization and outcomes in adults [J]. Medical Care, 46（10）：1023-1032.

低医疗服务的相对价格①、提高居民就医财务可及性就是医疗保险增加医疗服务可及性的一个重要机制②。我国农村人口众多，农村经济社会发展水平和居民健康水平普遍落后于城市，农村是我国医疗卫生工作的重点。从2003年开始实施的新型农村合作医疗，旨在通过政府、农民和集体三方筹资，在农村居民中建立起社会医疗保险制度，分散农村居民因疾病风险可能面临的损失，保障农村居民的基本医疗需求，不断改善农村居民健康状况。周忠良等（2011）通过比较参加和未参加新农合的农村居民医疗服务利益差别，发现新农合提高了参保农民门诊和住院服务可及性，改善了农民医疗服务可及性③。张思锋等（2011）进一步将卫生服务可及性具体化为空间可及性、时间可及性和经济可及性，综合利用陕西省1993—2003年的卫生服务调查数据和2009年陕西省农户调研数据，研究了新农合对农民卫生服务可及性的影响，发现新农合实施后，农村卫生服务经济可及性和空间可及性得到了改善，但时间可及性却有所下降，并提出通过整合新农合和城镇居民基本医疗保险增强农民卫生服务可及性。部分研究指出，医疗保险对居民医疗服务可及性没有显著影响④。刘昌平等（2016）发现，尽管农村居民普遍参加了新农合，但多数农村居民在患病时没有及时就医，在需要住院时没有住院，说明新农合并未提高农村居民的医疗服务可及性。这一方面是因为新农合本身的垫付制度和较低的报销比例限制了农村居民医疗服务利用，进一步的分析发现农村居民的健康意识、经济条件、就医距离和交通费用等显著影响了新农合对农村居民医疗服务可及性的改善⑤。黄瑞芹等（2017）研究指出，参加新型农村合作医疗对农民健康并未产生显著影响，这可能是因为

① 胡宏伟，刘国恩，2012. 城镇居民医疗保险对国民健康的影响效应与机制 [J]. 南方经济（10）：186-199.

② 黄枫，甘犁，2010. 过度需求还是有效需求？：城镇老人健康与医疗保险的实证分析 [J]. 经济研究，45（6）：105-119.

③ 周忠良，高建民，周志英，等，2011. 新型农村合作医疗改善卫生服务可及性效果评价 [J]. 中国卫生经济，30（12）：43-45.

④ 张思锋，杨致忻，李菲，等，2011. 新型农村合作医疗对农村居民卫生服务可及性的影响：基于陕西省的抽样调查 [J]. 兰州大学学报（社会科学版），39（3）：97-103.

⑤ 刘昌平，赵洁，2016. 新农合制度的医疗服务可及性评价及其影响因素：基于CHARLS数据的实证分析 [J]. 经济问题（2）：86-91.

新农合主要补偿住院支出费用，补偿范围较窄且水平较低①。

伴随着日益频繁的人口流动，医疗保险的差异也影响着流动人口的医疗服务可及性。"民工潮"是中国特有的社会现象，农民工也是备受社会关注的弱势群体。周钦等（2013）基于2011年北京市农民工调研数据，研究了不同医疗保险对农民工医疗服务可及性的影响，发现就农民工常规性医疗服务可及性而言，新农合和城市医疗保险都未发挥有效的促进作用；就预防性医疗服务可及性而言，仅有城市医疗保险发挥了促进作用。该研究进一步指出，不需农民工垫付医疗费用以及能在现居地报销的医疗保险才能提高农民工医疗服务可及性②。冯桂平等（2017）基于大连市调研数据研究了医疗保险模式对流动人口医疗服务可及性的影响，发现城市职工医疗保险对预防性医疗服务可及性的提升作用较明显，但医疗费用的垫付制度抑制了医疗保险对流动人口常规性医疗服务可及性的提升；分群体来看，医疗保险对青壮年和低收入人群的常规性医疗服务可及性的促进作用更大，显著提升了青壮年和中高收入人群的预防性医疗服务可及性③。

（3）医疗服务可及性与健康

资源具有稀缺性和有限性，医疗服务资源也不例外。在现实中，受种种条件约束，例如医疗服务供给方的资源供给不足、医疗服务需求方缺乏支付能力或缺乏获取医疗服务的相关知识等，并非人人都能获得维持健康所必需的医疗服务资源，即医疗服务可及性缺失。因此，医疗服务的可及性可能会对不同社会群体的健康状况产生影响。目前，关于医疗服务可及性对健康的影响尚未取得定论。

国外学者较早关注了医疗服务可及性对健康的影响，主要观点可分为三类：

第一类观点认为医疗服务可及性具有改善健康的作用。Rosenzweing 和

① 黄瑞芹，易晶晶，2017. 民族地区医疗服务可及性对农村居民健康的影响：基于湖北省建始县的调查［J］. 中南民族大学学报（人文社会科学版），37（5）：138-141.

② 周钦，秦雪征，袁燕，2013. 农民工的实际医疗服务可及性：基于北京市农民工的专项调研［J］. 保险研究（9）：112-119.

③ 冯桂平，乔楠，屈楚博，等，2017. 医疗保险模式对流动人口医疗卫生服务可及性影响研究：基于大连市的调查数据［J］. 大连理工大学学报（社会科学版），38（1）：144-150.

Schultz（1982）基于1971年印度人口普查数据研究指出，卫生服务中心和福利诊所、药店和计划生育项目均有利于降低儿童死亡率①。一项关于孟加拉国的研究发现，距离医院的路程与儿童死亡率正相关，距离计划生育诊所的路程与新生儿死亡率正相关，此外，医护人员数量（执业医师数量和接生员数量）对死亡率有显著的负向影响②。Glewwe 和 Litvack（2002）基于越南数据研究发现，距离药店的路程越远，农村儿童营养状况越差③。Sandiford 等（1991）研究了尼加拉瓜地区婴儿死亡率影响因素，发现在诸多因素中改善医疗服务可及性对降低婴儿死亡率所发挥的作用最大④。基于56个发展中国家儿童死亡率数据的研究发现，20世纪90年代儿童死亡率下降的最主要原因是怀孕和分娩时的卫生资源可及性得到了改善⑤。Anand 和 Bärnighausen T（2004）运用 WHO 的数据进一步研究证实，卫生人力资源显著降低了母亲生产死亡率和婴儿死亡率⑥。Gertler（2004）认为，对贫困人口进行健康教育显著降低了新生儿半岁内患病率⑦。

第二类观点认为医疗服务可及性与健康负相关。Rosenzweig（1982）基于印度人口普查数据发现，在医疗服务设施数量较多的地区儿童死亡率却比较高。Benefo 和 Schultz（1996）以加纳地区为例研究了卫生服务可及性对儿童健康的影响，发现居住地距离诊所的路程与儿童死亡率正相关⑧。一项关

---

① Rosenzweig M R, Schultz T P, 1982. Market opportunities, genetic endowments, and intrafamily resource distribution: Child survival in rural India [J]. American Economic Review, 72 (3): 521-522.

② Al-Kabir A, 1987. Effects of community factors on infant and child mortality in rural Bangladesh [J]. Studies in Family Planning, 18 (2): 116.

③ Glewwe P, Litvack J, 2002. Provision of healthcare and education in transitional Asia: Key issues and lessons from Vietnam [M] // Poverty, income distribution and well-being in Asia during the transition. Palgrave Macmillan UK.

④ Sandiford P, Coyle E, Smith G D, 1991. Why Nicaraguan children survive. Moving beyond scenario thinking [J]. Links Health and Development Report, 8 (3): 11-12.

⑤ Rutstein S O, 2000. Factors associated with trends in infant and child mortality in developing countries during the 1990s [J]. Bull World Health Organ, 78 (10): 1256-1270.

⑥ Anand S, Bärnighausen T, 2004. Human resources and health outcomes: Cross-country econometric study [J]. The Lancet, 364 (9445): 1603-1609.

⑦ Gertler P, 2004. Do conditional cash transfers improve child health? Evidence from PROGRESA's control randomized experiment [J]. American Economic Review, 94 (2): 336-341.

⑧ Benefo K, Schultz T P, 1996. Fertility and child mortality in Côte d' Ivoire and Ghana [J]. The World Bank Economic Review, 10 (1): 123-158.

于巴西儿童营养状况的研究发现，护士数和床位数的人均占有量越高，儿童营养状况却越差①。

第三类观点认为医疗服务可及性对健康没有显著影响。有研究指出，医疗服务可及性的改善可以增加医疗服务使用，但并没有提高健康水平，原因在于改善健康是一项复杂的任务，仅依靠医疗服务远远不够②。一项关于南美洲哥伦比亚的研究指出，流动医疗点和乡村医疗站数量与儿童死亡率之间并不存在显著的相关关系③。Riccardo 和 Davanzo（2004）基于马来西亚数据研究证实，距离卫生机构的路程与婴儿死亡率并不存在显著的相关关系④。Filmer 等（1998）的研究也发现卫生服务可及性对人口死亡率的降低并未产生显著作用⑤。

国内学者对医疗服务可及性对健康的影响各持己见。受市场化改革的影响，医疗卫生领域"看病难"和"看病贵"等问题日益显现，使得医疗卫生服务的可及性受到了一定程度的影响。宋月萍等（2006）研究了 21 世纪初中国农村卫生医疗资源的可及性及其对儿童健康的影响，发现对于不同社会经济特征的农村家庭，卫生医疗资源可及性并不公平。具体来看，受医疗卫生领域市场化改革影响，基本医疗服务供给不足和医疗服务价格的上涨导致来自农村贫困及受教育水平较低家庭的儿童卫生医疗资源可及性较差，限制了儿童健康状况的改善，拉大了与来自农村富裕及受教育水平较高家庭的儿童的健康差距⑥。苗艳青（2008）基于 2007 年江苏、山东、河南和四川的农户调查数据，研究了农村卫生资源可及性对农民健康的影响。从医疗服

①　Penchansky R, Thomas J W, 1981. The concept of access: Definition and relationship to consumer satisfaction [J]. Medical Care, 19（2）: 127-140.

②　Diehr P K, Richardson W C, Logerfo S J P, 1979. Increased access to medical care: The impact on health [J]. Medical Care, 17（10）: 989-999.

③　Rosenzweig M R, Schultz T P, 1982. Child mortality and fertility in Colombia: Individual and community effects [J]. Health Policy Education, 2（3-4）: 305-348.

④　Riccardo, Davanzo, 2004. Newborns in adverse conditions: Issues, challenges, and interventions [J]. Journal of Midwifery and Women's Health, 49（4）: 29-35.

⑤　Filmer D, King E, Pritchett L, 1998. Gender disparity in South Asia: Comparisons between and within countries [Z]. Policy Research Working Paper Series, No. 1867.

⑥　宋月萍，谭琳，2006. 卫生医疗资源的可及性与农村儿童的健康问题 [J]. 中国人口科学（6）: 43-48, 95-96.

务供方可及性看，基层医生的医疗技术水平和农民获取保健知识的渠道能够显著改善农民健康状况；从医疗服务需方可及性看，收入、年龄、性别和受教育年限则是影响医疗服务可及性的决定性因素，获得安全的饮用水和卫生设施能够有效改善农民健康[①]。黄瑞芹等（2017）基于2016年湖北省恩施土家族苗族自治州建始县农民调查数据，研究了民族地区的医疗服务可及性对农民健康的影响。在医疗服务供方可及性因素中，乘坐交通工具、一般性疾病的就医机构以及对就诊医生技术的评价显著影响农民健康；在医疗服务需方可及性因素中，年龄和是否患有慢性病显著影响农民健康[②]。辛怡（2012）认为，医疗服务可及性中，需方可及性变量主要包括居民收入和医保状况，供方可及性变量主要包括医疗服务价格、时间可及性等。她发现，需方可及性变量对健康产生了显著的影响，而在供方可及性变量中，仅医疗服务价格对健康产生了显著的影响[③]。李华等（2013）研究指出，农村医疗服务可及性对农民的健康影响非常显著，并证实了大力支持农村基层医疗服务发展（如提升村卫生室诊疗水平）能够有效促进农民健康状况的改善[④]。储雪玲等（2010）认为，医疗机构距离对健康改善的影响不显著[⑤]。

关于医疗服务可及性对健康产生了不同影响的原因可能有三点：第一，用以衡量医疗服务可及性的指标未能全面且准确地反映居民所使用的医疗服务质量和数量；第二，未充分考虑到对于不同收入人群，医疗服务可及性对健康的影响可能存在差异；第三，统计分析中可能会遗漏一些关键变量，导致研究结论不一致。

基于对已有研究的分析，本项研究做出假设：医疗保险有助于提升居民的医疗服务可及性，进而改善居民的健康状况，缩小居民健康不平等。因

① 苗艳青，2008. 卫生资源可及性与农民的健康问题：来自中国农村的经验分析 [J]. 中国人口科学（3）：47-55，96.

② 黄瑞芹，易晶晶，2017. 民族地区医疗服务可及性对农村居民健康的影响：基于湖北省建始县的调查 [J]. 中南民族大学学报（人文社会科学版），37（5）：138-141.

③ 辛怡，2012. 卫生服务可及性与农村居民健康不平等 [J]. 农业技术经济（8）：105-112.

④ 李华，俞卫，2013. 政府卫生支出对中国农村居民健康的影响 [J]. 中国社会科学（10）：41-60，205.

⑤ 储雪玲，卫龙宝，2010. 农村居民健康的影响因素研究：基于中国健康与营养调查数据的动态分析 [J]. 农业技术经济（5）：37-46.

此，医疗服务可及性可能是城乡居民基本医疗保险缓解居民健康不平等的机制之一（见图6-1）。如果城乡居民基本医疗保险能够提升居民的医疗服务可及性，那么城乡居民基本医疗保险有助于改善居民的健康状况，进而缩小居民健康差距、缓解居民健康不平等。如果城乡居民基本医疗保险对居民医疗服务可及性没有显著影响，或者产生了负向影响，表明本项研究建构的机制未通过检验。本项研究结合中国健康与养老追踪调查问卷，从使用预防医疗服务、使用综合型大医院和生病及时就医三方面度量医疗服务利用可及性。

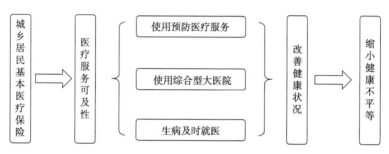

图6-1　城乡居民基本医疗保险提升居民医疗服务可及性示意图

6.1.2　医疗服务利用水平

健康既是个体福利之一，也是人力资本的关键组成部分。对人类发展的其他维度而言，健康具有极其重要的工具性价值（如促进经济增长、社会进步、文化发展等）。年龄、遗传因素和不良生活习惯等都会消耗个体的健康资本，此时需要利用医疗服务以补充健康资本。阿马蒂亚·森指出，健康与医疗保健的公平是社会公平的重要组成部分，国家应提供基本的医疗保健以确保公民健康权利的实现。因此，医疗服务的利用不应受个体职业、收入、教育和社会地位等因素的影响，而应以个体的需要为导向，使每个人在患病时都有同样的机会获得其所需的医疗服务。在一般情况下，医疗服务利用公平被分为垂直公平和水平公平。垂直公平是不同医疗服务需求的个体获得相应的医疗服务供给。水平公平是指有相同医疗服务需求的个体应被提供同质同量的医疗服务，不考虑个体的社会经济状况。健康经济学中广泛应用的是水平公平,一般视垂直公平为已被满足。医疗服务利用水平不平等即受个体收入、教育、职业和医疗保险等非需要变量影响,同等需要的个体却使用了不同的医疗服务①。医疗服务利用不平等是普遍存在的。1989—2006 年中国18 岁以上人群的医疗服务利用存在"亲富人"的不平等现象,其中,收入和医疗保险均是造成医疗服务利用不平等的重要因素②。由于新农合和收入等非需要变量影响,在中国农村未成年人中也存在医疗服务利用不平等现象,高收入农村家庭的未成年人使用了更多的医疗服务③。

(1) 医疗服务利用水平的城乡差别

在我国,城乡经济社会发展不均衡,加之长期推行城乡二元医疗卫生制度和财政卫生支出制度,城乡居民医疗服务利用一直存在较大的差距。《中国统计年鉴》历年数据显示,长期以来,农村居民的每千人口卫生技术人员数量、每千人口医疗卫生机构床位数和人均卫生费用均低于城镇居民。早在2003 年就有学者发现,中国城乡居民医疗服务利用存在较严重的不公平现象④。魏众等(2005)进一步指出,城市与农村居民医疗支出严重失衡是中国医疗支出不公平的根源,这也是城乡居民医疗服务利用差距悬殊的表现之一⑤。陈浩等(2011)实证分析了 1993—2009 年中国的卫生不均等结构,发现城乡间差距最为突出⑥。面对城乡居民医疗服务利用不公平的现实,我国于 2009 年启动了新一轮的医药卫生体制改革,旨在逐步推进城乡医疗服务均等化,使全民享有基本医疗卫生服务,从而实现"人人病有所医"的目标。

随着新一轮医药卫生体制改革的推进,加之新型农村合作医疗制度的建立和政府对农村卫生工作的政策引导与财政支持,农村医疗服务供给状况得

① Morris S, Sutton M, Gravelle H, 2005. Inequity and inequality in the use of health care in England: An empirical investigation [J]. Social Science and Medicine, 60 (6): 1251-1266.

② 解垩, 2009. 与收入相关的健康及医疗服务利用不平等研究 [J]. 经济研究, 44 (2): 92-105.

③ 彭晓博, 王天宇, 2017. 社会医疗保险缓解了未成年人健康不平等吗 [J]. 中国工业经济 (12): 59-77.

④ 胡琳琳, 胡鞍钢, 2003. 从不公平到更加公平的卫生发展: 中国城乡疾病模式差距分析与建议 [J]. 管理世界 (1): 78-87.

⑤ 魏众, 古斯塔夫森, 2005. 中国居民医疗支出不公平性分析 [J]. 经济研究 (12): 26-34.

⑥ 陈浩, 周绿林, 2011. 中国公共卫生不均等的结构分析 [J]. 中国人口科学 (6): 72-83, 112.

到了极大的改善。虽然这些举措对缩小城乡医疗服务利用差距发挥了一定的作用，但当前城乡居民医疗服务利用差距依然不容乐观。顾海等（2013）比较了城乡医统筹地区城乡医疗服务利用差异，发现城镇居民因在收入、所享受的医保政策上优势明显，城市居民医疗支出高于农村居民，即城市居民比农村居民使用了更多的医疗资源①。一项基于 2013 年中国健康与养老追踪调查数据的研究显示，由于农村居民在医疗资源可及性、医疗保险补偿和教育水平上均不如城镇居民，在医疗服务利用上处于不利地位，城乡居民在医疗服务利用方面存在严重的不平等②。一项研究特别关注了城乡老年人在医疗服务利用方面的差别，在控制了年龄、医院级别、地区、疾病和医院固定效应的条件下，城镇老年患者的医保报销费用和个人自付费用均高于农村老年患者，城镇老年患者获得高质量医疗和全周期医疗服务项目的机会也高于农村患者，并且随着年龄的增长这些差别在不断拉大③。李玉娇（2016）从定期体检和医院就诊两方面比较了城乡老年人医疗服务利用，发现城市老年人定期体检和身体稍感不适就去就诊的比例均高于农村老人；进一步的分析指出，除了城乡老年人的收入、医疗保障和就医可及性的差异，就医惯性也是导致城乡老年人医疗服务利用差距的重要原因④。

（2）医疗保险对医疗服务利用水平的影响

医疗保险旨在通过大数法则分散疾病风险给居民带来的损失，保障居民以相对较低的价格获得医疗服务，平滑医疗支出，不断改善居民健康状况。医疗服务使用被抑制的一个重要原因是缺乏医疗保险。研究发现，参加医疗保险的患者接受医生推荐的治疗方案的概率通常高于未参加医疗保险的患者⑤，以及未参加医疗保险的人群患病未治的概率显著高于参加医疗保险的

① 顾海，马超，李佳佳，2013. 医保统筹地区城乡医疗服务利用差异的因素分解 ［J］. 统计与信息论坛，28（6）：89-94.

② 熊跃根，黄静，2016. 我国城乡医疗服务利用的不平等研究：一项于 CHARLS 数据的实证分析 ［J］. 人口学刊，38（6）：62-76.

③ 高秋明，2018. 城乡老龄人群医疗服务利用差别研究：以北方某大型城市为样本 ［J］. 中国特色社会主义研究，（4）：33-38，58.

④ 李玉娇，2016. 城乡差异、就医惯性与老年人卫生服务利用 ［J］. 西北人口，37（2）：5-10.

⑤ Baker D W, Sudano J J, Albert J M, et al. , 2001. Lack of health insurance and decline in overall health in late middle age ［J］. The New England Journal of Medicine，345：1106-1112.

人群（代志明，2008）[①]。医疗保险是帮助人们获得高质量医疗服务的关键渠道[②③]。诸多研究证实，医疗保险政策的实施有利于增加参保者的医疗服务利用[④⑤⑥⑦]。从20世纪90年代末到21世纪初，我国逐步建立起城镇职工基本医疗保险、新型农村合作医疗保险和城镇居民基本医疗保险，基本实现了对全人群医疗保险的全覆盖，医疗保险与居民医疗服务利用的相关研究也日益丰富。

高梦滔[⑧]、程令国等[⑨]、Lei 和 Lin[⑩]、Wagstaff 等[⑪]以及 Yip 和 Hsiao[⑫]均发现新型农村合作医疗对农户医疗服务利用水平有显著的正面影响，例如增加了农村居民的就诊次数、提高了农村居民的医疗服务利用率、增加了农村居民对预防保健的利用等。同时，新农合对不同年龄、不同健康状况和收入群体的农村居民医疗服务利用影响存在差异。章丹等（2019）研究发现，

① 代志明，2008. 中国"城镇居民医保"基金盈余敏感性分析：以郑州市为例 [J]. 人口与发展（3）：52-57.

② Gertler P, Sturm R, 1997. Private health insurance and public expenditure in Jamaica [J]. Journal of Econometrics, 77 (1)：237-257.

③ Buchmueller T C, Grumbach K, Kronick R, et al., 2005. The effect of health insurance on medical care utilization and implications for insurance expansion：A review of the literature [J]. Medical Care Research and Review, 62 (1)：3-30.

④ Manning W G, Newhouse J P, Duan N, et al., 1987. Health insurance and the demand for medical care：Evidence from a randomized experiment [J]. The American Economic Review, 77 (3)：251-277.

⑤ Meer J, Rosen H S, 2004. Insurance and the utilization of medical services [J]. Social Science and Medicine, 58 (9)：1623-1632.

⑥ Hoffman C, Paradise J, 2008. Health insurance and access to health care in the United States [J]. Annals of the New York Academy of Sciences, 1136 (1)：149-160.

⑦ Wagstaff A, Lindelow M, Jun G, et al., 2009. Extending health insurance to the rural population：An impact evaluation of China's new cooperative medical scheme [J]. Journal of Health Economics, 28 (1)：1-19.

⑧ 高梦滔，2010. 新型农村合作医疗与农户卫生服务利用 [J]. 世界经济，33 (10)：79-97.

⑨ 程令国，张晔，2012. "新农合"：经济绩效还是健康绩效？[J]. 经济研究，47 (1)：120-133.

⑩ Lei X, Lin W, 2009. The new cooperative medical scheme in rural China：Does more coverage mean more service and better health? [J]. Health Economics, 18 (S2)：S25-S46.

⑪ Wagstaff A, Lindelow M, Jun G, et al., 2009. Extending health insurance to the rural population：An impact evaluation of China's new cooperative medical scheme [J]. Journal of Health Economics, 28 (1)：1-19.

⑫ Yip W, Hsiao W, 2009. China's health care reform：A tentative assessment [J]. China Economic Review, 20 (4)：613-619.

新农合显著增加了患病轻、年龄较小者的医疗服务利用①。这一方面可能是因为患病轻、年龄较小者通常是劳动人口，在家庭中扮演"顶梁柱"角色，为了防止重要劳动力因健康状况不佳无法从事正常的生产经营活动进而影响家庭收入，他们通常可以优先使用医疗服务。另一方面在于患病轻、年龄较小者的医疗需求通常比较小且容易满足。但是，也有研究发现，由于新农合保障待遇过低和制度设计缺陷，参加新农合的老人与未参加新农合的老人在医疗服务利用上并没有显著差异②。

关于城镇居民基本医疗保险对医疗服务利用的影响，胡宏伟等（2012）采用国务院城镇居民医疗保险调查（2007—2010 年）4 期面板数据，利用倾向得分匹配和双重差分法评估了城镇居民基本医疗保险的作用，得到的结论是：城镇居民基本医疗保险显著增加了低健康者的卫生服务利用，尤其是显著增加了老年人和低收入低健康者的卫生服务利用③。基于同一数据的进一步研究发现，城镇居民医疗保险显著增加了参保者对保健、门诊等基本医疗服务的使用，其中，对非老人、中高收入和中高健康人群的健康体检服务利用促进作用更大，显著促进了弱势群体门诊医疗服务利用，对低健康人群住院医疗服务利用的促进作用最大④。于大川（2015）使用中国健康与养老追踪调查 2011 年基线调查数据研究发现，城镇居民基本医疗保险在一定程度上促进了参保人的医疗服务利用，并且对不同群体医疗服务利用的影响有所不同，且具体来看，城镇居民基本医疗保险主要使相对优势群体增加了门诊医疗利用，主要增加了相对弱势群体的住院医疗利用，显著提高了"相对弱势"群体的医疗支出，减轻了几乎所有群体的医疗负担⑤。

① 章丹，徐志刚，陈品，2019. 新农合"病有所医"有无增进农村居民健康？：对住院患者医疗服务利用、健康和收入影响的再审视 ［J］. 社会，39（2）：58-84.

② 刘晓婷，黄洪，2015. 医疗保障制度改革与老年群体的健康公平：基于浙江的研究 ［J］. 社会学研究，30（4）：94-117，244.

③ 胡宏伟，刘国恩，2012. 城镇居民医疗保险对国民健康的影响效应与机制 ［J］. 南方经济（10）：186-199.

④ 胡宏伟，2012. 城镇居民医疗保险对卫生服务利用的影响：政策效应与稳健性检验 ［J］. 中南财经政法大学学报（5）：21-28，60.

⑤ 于大川，2015. 城镇居民医疗保险是否促进了医疗服务利用？：一项对制度运行效果的实证评估 ［J］. 金融经济学研究，30（5）：117-128.

关于城乡居民基本医疗保险对医疗服务利用的影响，顾海（2019）使用南京、常州两地微观调查数据研究了城乡居民医保统筹对医疗服务利用的影响，发现医疗服务利用在城乡医保统筹前后均存在"亲穷人"的不平等，但统筹后医疗服务利用不平等有所缩小，城乡医保统筹对统筹前新农合参保者医疗服务利用不平等的缓解作用更强①。马超等（2016）使用中国健康与养老追踪调查2008年和2012年两期数据研究指出，城乡医保统筹改善了城乡居民在门诊利用上55.2%的机会不平等，但在改善城乡居民住院机会平等方面作用并不显著；由于住院需求的刚性及新农合以保大病住院为主的特点，城乡医保统筹对促进城乡居民医疗服务公平利用的政策效果值得肯定，在城乡医保统筹工作中应对农村居民住院机会不平等予以关注②。但是，有研究认为，城乡居民医疗保险对居民的门诊和住院医疗服务利用水平并未产生显著影响，也没有显著提高农村居民的医疗服务利用水平，原因可能是城乡居民医疗保险整合没有显著缩小医疗保险实际补偿率的城乡差异③。

关于城镇职工医疗保险对医疗服务利用的影响，景抗震等（2019）利用2003—2014年中国31个省、自治区、直辖市的面板数据研究发现，城镇职工医疗保险释放了职工的医疗需求，提升了门诊量和住院量④。陈华等（2016）使用中国健康营养调查2009年和2011年的数据研究发现，城镇职工基本医疗保险参保者的医疗费用支出明显高于未参保者，这在一定程度上反映了参保者使用了更多的医疗服务，而出现这一现象的原因可能是，城镇职工基本医疗保险的报销政策缓解了参保者对医疗费用支出的顾虑，在治疗的过程中较未参保者更倾向于利用更优质的药物和更先进的医疗技术，即城

① 顾海，2019. 统筹城乡医保制度、与收入相关的医疗服务利用和健康不平等 [J]. 社会科学辑刊（2）：88-97.

② 马超，宋泽，顾海，2016. 医保统筹对医疗服务公平利用的政策效果研究 [J]. 中国人口科学（1）：108-117，128.

③ 刘小鲁，2017. 中国城乡居民医疗保险与医疗服务利用水平的经验研究 [J]. 世界经济，40（3）：169-192.

④ 景抗震，顾海，2019. 中国基本医疗保险对患者医疗支出负担的影响机理研究：来自省级层面2003-2014年面板数据的证据 [J]. 学海（5）：94-100.

镇职工医疗保险提高了参保者的医疗服务利用水平①。

还有学者关注了医疗保险对不同群体医疗服务利用所产生的影响，特别关注了老年人医疗服务利用所受到的影响。随着中国老龄化进程的加快，医疗保险对老年人医疗服务利用会产生深刻的影响。一方面，生理机能与抵抗能力的衰退导致老年人患病率和发病率上升，随之引发了老年人对医疗服务利用的增长。另一方面，老年人的慢性病率是一般人群的 2~3 倍，老年人的医疗服务需求往往高于一般人群。因此，关注医疗保险对老年人医疗服务利用所产生的影响，有助于科学应对老龄化挑战。黄枫等（2010）研究指出，与未参加医疗保险的城镇老人相比，拥有医疗保险的城镇老人总医疗支出更高而家庭自付医疗支出较低②。刘国恩等（2011）基于中国老年健康长寿调查 2005 年数据研究指出，医保制度从提高就医程度和及时就医率两方面增进了老年人的医疗服务利用，并且减轻了老年人家庭医疗负担③。龚秀全（2019）关注了社会医疗保险对老人临终医疗服务利用的影响，发现社会医疗保险不仅显著增加了老人的临终医疗服务利用，而且降低了个人自付水平④。李姣媛等（2018）关注了社会医疗保险对儿童医疗服务利用的影响，他们使用中国家庭追踪调查 2012 年和 2014 年的数据进行研究，得到的结论是：参加社会医疗保险不仅提升了儿童的自评健康水平，且显著提高了儿童的医疗服务利用率⑤。一项基于 2017 年中国流动人口动态监测调查数据的研究关注了社会医疗保险对流动人口医疗服务利用的影响，得到的结论是：与未参保者相比，参加社会医疗保险提高了参保者在居住地的医疗服务利用；进一步的分析，将不同类型社会医疗保险对流动人口医疗服务利用所产生的影响进行了对比，发现只要在居住地参保，不同类型的社会医疗保险

①　陈华，邓佩云，2016. 城镇职工基本医疗保险的健康绩效研究：基于 CHNS 数据 ［J］. 社会保障研究（4）：44-52.

②　黄枫，甘犁，2010. 过度需求还是有效需求？：城镇老人健康与医疗保险的实证分析 ［J］. 经济研究，45（6）：105-119.

③　刘国恩，蔡春光，李林，2011. 中国老人医疗保障与医疗服务需求的实证分析 ［J］. 经济研究，46（3）：95-107，118.

④　龚秀全，2019. 社会医疗保险对老人临终医疗服务利用的影响 ［J］. 保险研究（4）：102-115.

⑤　李姣媛，方向明，2018. 社会医疗保险对儿童健康和医疗服务消费的影响研究 ［J］. 保险研究（4）：98-111.

均提高了流动人口的医疗服务利用①。

不同医疗保险制度因参保主体、筹资和报销比例不同可能会导致不同参保者的医疗服务利用存在差异，部分学者关注了不同医疗保险制度对参保者医疗服务利用的影响。刘国恩等（2011）发现，城镇医保和公费医疗对改善老年人医疗服务利用所发挥的作用明显高于合作医疗和贫困补助②。张研等（2013）的研究也证实了城镇职工基本医疗保险参保者的医疗服务利用高于城镇居民医疗保险和新农合的参保者③。刘晓婷（2014）比较了不同类型医疗保险参保者的平均医疗开支，发现参加城镇职工基本医疗保险的老人看病和住院的总花费显著高于参加新农合的老人与未参加医疗保险的老人的总花费，且城镇职工基本医疗保险的保险平均支付在统计上显著高于新农合和城镇居民医疗保险，即参加城镇职工基本医疗保险的老人医疗服务利用高于参加其他类型医疗保险的老人④。朱铭来等（2016）对比了城镇职工基本医疗保险和新农合的保障效果，发现城镇职工基本医疗保险对流动人口的灾难性医疗支出发生率起到了显著的降低作用，而新农合的保障效果不如城镇职工基本医疗保险⑤。一项关于山西省的研究显示，急性心肌梗死、心力衰竭及肺炎患者因参加的医疗保险不同，在医院护理使用方面存在较大的差异，参加新农合的患者通常住院时间较短，且住院死亡率明显高于参加城职保的患者⑥。

（3）医疗服务利用水平对健康的影响

医疗保险的直接目标在于通过降低医疗服务的相对价格，减轻参保者的

---

① 孟颖颖，韩俊强，2019. 医疗保险制度对流动人口卫生服务利用的影响［J］. 中国人口科学（5）：110-120，128.

② 刘国恩，蔡春光，李林，2011. 中国老人医疗保障与医疗服务需求的实证分析［J］. 经济研究，46（3）：95-107，118.

③ 张研，张耀光，张亮，2013. 三大基本医疗保障制度保障能力差异分析［J］. 中国卫生经济，32（2）：60-63.

④ 刘晓婷，2014. 社会医疗保险对老年人健康水平的影响：基于浙江省的实证研究［J］. 社会，34（2）：193-214.

⑤ 朱铭来，史晓晨，2016. 医疗保险对流动人口灾难性医疗支出的影响［J］. 中国人口科学（6）：47-57，127.

⑥ Lin X，Cai M，Tao H，et al.，2017. Insurance status, inhospital mortality and length of stay in hospitalised patients in Shanxi, China：A cross-sectional study［J］. BMJ Open，7（7）：e015884.

医疗支出负担，保障参保者在患病时及时得到所需的医疗服务，最终目标在于帮助参保者从病痛中康复，改善其健康状况。前述分析发现医疗保险能够增加居民的医疗服务利用，那么医疗服务利用水平的提高能否改善居民健康状况呢？诸多研究认为，医疗保险提高了参保者的就医财务可及性，帮助参保者获得所需的健康检查和预防治疗等医疗服务，从而对健康产生积极作用[1][2]。黄枫等（2010）利用中国老年人健康长寿影响因素调查 2002 年和 2005 年的数据研究发现，参加社会医疗保险的老人在过去一年的医疗总支出比未参加社会医疗保险的老人多 28%～37%，比家庭自付医疗支出要低 43%。他进一步检验医疗保险与健康之间的关系发现，与未参加社会医疗保险的老人相比，拥有医疗保险的老人死亡风险低 19%，平均生存时间多 5 年，即社会医疗保险增加了老年人医疗服务利用进而改善了老年人的健康状况[3]。程令国等（2012）使用中国老年健康影响因素跟踪调查 2005 年和 2008 年两期的数据研究发现，新农合对参保老人健康的改善效果非常明显并提高了他们的医疗服务利用率。其进一步的探讨指出，医疗服务利用率的提高是新农合改善参保老人健康的一个重要渠道[4]。胡宏伟等（2012）使用 2007—2010 年国务院城镇居民医疗保险调查 4 期数据研究指出，城乡居民基本医疗保险显著提高了老年和低收入的低健康者的健康水平，并进一步检验了城乡居民基本医疗保险改善参保者健康状况的机制，发现参加城乡居民基本医疗保险显著降低了老年和低收入的低健康者的应住院未住院次数，即城乡居民基本医疗保险通过增进这部分人群的医疗服务利用改善了他们的健康水平[5]。王新军等（2014）利用中国老年人健康影响因素跟踪调查 2008—2011 年 4 期面板数据研究了医疗保险对老年人医疗支出和健康的影响，得

① Card D, Maestas D N, 2009. Does medicare save lives? [J]. The Quarterly Journal of Economics, 124 (2)：597-636.

② Finkelstein A S, Tanbman B, Wright M, et al., 2012. The Oregon health insurance experiment：Evidence from the first year [J]. The Quarterly Journal of Economics, 127 (3)：1057-1106.

③ 黄枫，甘犁，2010. 过度需求还是有效需求？：城镇老人健康与医疗保险的实证分析 [J]. 经济研究，45 (6)：105-119.

④ 程令国，张晔，2012. "新农合"：经济绩效还是健康绩效？[J]. 经济研究，47 (1)：120-133.

⑤ 胡宏伟，刘国恩，2012. 城镇居民医疗保险对国民健康的影响效应与机制 [J]. 南方经济 (10)：186-199.

到的第一个结论是：医疗保险提高了老年人医疗服务利用水平，与未参加医疗保险的老人相比，参加医疗保险的老人医疗费用总支出增加了40.3%，医疗保险提高了老年人及时就医概率；得到的第二个结论是：参加医疗保险的老人能够享受更充分的医疗服务，这改善了老人的健康状况[①]。刘晓婷等（2015）认为，医疗保险通过影响老年人医疗服务利用而对健康水平产生间接效应，利用2010年浙江省城乡老年人口生活状况调查数据和基于结构方程的路径分析方法探讨了医疗保险、医疗服务利用和健康水平之间的关系，研究证实，城镇职工医保和城镇居民医保制度提升了参保老人的医疗服务利用水平，从而对健康公平起到了促进作用[②]。

结合对现有相关文献的分析，本项研究假设城乡居民基本医疗保险有助于提升居民医疗服务利用水平进而改善居民的健康状况，缩小居民健康不平等。因此，医疗服务利用水平可能是城乡居民基本医疗保险缓解居民健康不平等的机制之一（见图6-2）。如果城乡居民基本医疗保险能够提升居民的医疗服务利用水平，这意味着城乡居民基本医疗保险有利于改善居民的健康状况，进而缩小居民健康差距、缓解城乡居民健康不平等。如果城乡居民基本医疗保险对居民医疗服务利用水平没有显著影响，或者产生了负向影响，表明本项研究建构的机制未通过检验。

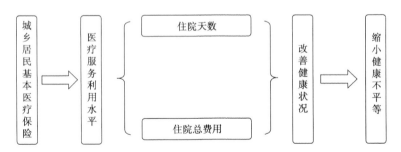

图6-2　城乡居民基本医疗保险提升居民医疗服务利用水平示意图

① 王新军，郑超，2014. 医疗保险对老年人医疗支出与健康的影响［J］. 财经研究，40（12）：65-75.

② 刘晓婷，黄洪，2015. 医疗保障制度改革与老年群体的健康公平：基于浙江的研究［J］. 社会学研究，30（4）：94-117，244.

6.2 机制检验

6.2.1 医疗服务可及性不平等分析

根据前述分析，我们主要关注医疗服务领域的水平不平等，即医疗服务的提供不是单纯根据患者需要，而是受到了收入、教育、职业、地区和医疗保险等非需要因素的影响。需要变量通常包括人口统计特征（如年龄、性别等）和健康度量指标（如自评健康、是否患慢性病、日常生活能力等）。在测度医疗服务可及性的不平等时，需先对个体差异化的医疗服务需要进行标准化，分离"需要"变量和"非需要"变量，在控制了非需要变量的前提下，预测由需要变量所产生的医疗服务需要，即个体真实的医疗服务需要。需要异质性所导致的医疗服务可及性差异被剔除后，经过需要变量标准化后的不平等即为医疗保险差异化导致的不平等。有直接标准化和间接标准化两种方式，直接标准化适用于分组数据，在所用数据是微观数据时多采用间接标准化方法。本项研究使用的是微观数据，因此采用间接标准化方法对医疗服务的实际可及性和给定需要后的可及性加以区分，后者为需要期望化可及性。具体分析步骤如下：

$$y_i = \alpha + \sum_j \beta_j x_{ji} + \sum_k \gamma_k z_{ki} + \varepsilon_i \tag{6.1}$$

式中，y_i 指个体 i 的医疗服务可及性；x_{ji} 指影响个体 i 医疗服务可及性的 j 个需要变量；z_{ki} 指影响个体 i 医疗服务可及性的 k 个非需要变量；ε_i 表示随机误差项。

结合中国健康与养老追踪调查问卷，本项研究用"体检"（使用预防医疗服务）"医疗机构选择""生病及时就医"作为医疗服务可及性的度量指标。本项研究中的需要变量包括年龄、性别和自评健康。本项研究中的非需要变量包括四项：①医疗保险：是否参加城乡居民基本医疗保险；②个体变量：婚姻类型与教育年限；③家庭变量：家庭规模（人）、家庭收入（取对数）、家庭消费（取对数）、子女经济支持、与子女居住、与配偶居住和与其他人居住；④生活方式变量：吸烟、喝酒、睡眠时长和社交活动频率。

根据式（6.1）的估计结果可计算个体 i 医疗服务预期需要：

$$\hat{y}_i^x = \hat{\alpha} + \sum_j \hat{\beta}_j x_{ji} + \sum_k \hat{\gamma}_k \bar{z}_{ki} \tag{6.2}$$

标准化需要的个体医疗服务可及性 $\hat{y}_i^{is}$ 为实际医疗可及性 y_i 减去预期需要医疗可及性 $\hat{y}_i^x$，并与总体医疗服务可及性的均值 $\bar{y}_i$ 相加。

$$\hat{y}_i^{is} = y_i - \hat{y}_i^x + \bar{y} \tag{6.3}$$

具体分解结果见表6-1、表6-2和表6-3。如果医疗服务可及性是平等的，那么各收入阶层医疗服务可及性的概率分布也应该相等。表6-1、表6-2和表6-3反映的情况是不同收入居民的医疗服务可及性各有差异，即医疗服务可及性是不平等的。从结果看，三项医疗服务的预计利用集中指数均为负，表明低收入者预计应拥有更好的医疗服务可及性，实际利用集中指数均为正，表明事实上高收入者拥有更好的医疗服务可及性。

表6-1　居民预防医疗服务的实际利用、预计利用和标准化需要利用

收入水平	使用预防医疗服务的概率				
	加入非需要变量			标准化需要利用	
	实际利用	预计利用	差值	加入非需要变量	加入需要变量
最低收入组	0.036 8	0.035 4	0.001 4	0.036 5	0.036 8
较低收入组	0.038 4	0.037 9	0.000 5	0.037 1	0.039 8
中等收入组	0.035 4	0.033 5	0.001 9	0.034 2	0.038 2
较高收入组	0.039 8	0.038 4	0.001 4	0.035 9	0.036 4
最高收入组	0.037 6	0.036 2	0.001 4	0.038 2	0.036 6
集中指数	0.026 4	-0.016 4		0.120 4	0.110 8

资料来源：作者利用 Stata 软件计算。

表6-2　居民综合型大医院的实际利用、预计利用和标准化需要利用

收入水平	使用综合型大医院的概率				
	加入非需要变量			标准化需要利用	
	实际利用	预计利用	差值	加入非需要变量	加入需要变量
最低收入组	0.028 5	0.029 8	-0.001 3	0.028 2	0.028 0

续表

收入水平	使用综合型大医院的概率				
	加入非需要变量			标准化需要利用	
	实际利用	预计利用	差值	加入非需要变量	加入需要变量
较低收入组	0.026 9	0.025 3	0.001 6	0.027 5	0.027 7
中等收入组	0.028 5	0.027 2	0.001 3	0.028 0	0.028 2
较高收入组	0.026 1	0.028 3	-0.002 2	0.026 6	0.026 8
最高收入组	0.028 8	0.028 4	0.000 4	0.028 3	0.028 4
集中指数	0.036 0	-0.024 8		0.065 4	0.062 8

资料来源：作者利用 Stata 软件计算。

表6-3　居民生病及时就医的实际利用、预计利用和标准化需要利用

收入水平	生病及时就医的概率				
	加入非需要变量			标准化需要利用	
	实际利用	预计利用	差值	加入非需要变量	加入需要变量
最低收入组	0.048 8	0.050 2	-0.001 4	0.048 4	0.049 6
较低收入组	0.049 1	0.048 4	0.000 7	0.049 5	0.052 4
中等收入组	0.046 5	0.049 6	-0.003 1	0.046 2	0.049 0
较高收入组	0.048 8	0.051 0	-0.002 2	0.049 2	0.053 1
最高收入组	0.049 0	0.051 8	-0.002 8	0.050 4	0.052 7
集中指数	0.040 9	-0.038 5		0.025 4	0.021 6

资料来源：作者利用 Stata 软件计算。

表6-1显示出居民在预防医疗服务方面的实际利用、预计利用和标准化需要利用的情况。居民预防医疗服务预计利用集中指数为负，表明低收入组在预防医疗服务方面预计应有更好的可及性；实际利用集中指数均为正，表明事实上高收入组在预防医疗服务方面拥有更好的可及性，即预防医疗服务可及性存在亲富人的不平等。就实际利用而言，不同收入水平的居民预防医疗服务实际利用各不相同，较高收入组实际使用预防医疗服务的概率最高，其次是较低收入组。就预计利用情况来看，同样是较高收入组和较低收入组使用预防医疗服务的概率更高。在最低收入组中，实际利用预防医疗服

务的概率比预计利用高 0.14%；中等收入组实际利用预防医疗服务的概率比预计利用高 0.19%；而较低收入组实际利用预防医疗服务的概率比预计利用高 0.05%。

表 6-2 显示出居民综合型大医院的实际利用、预计利用和标准化需要利用的情况。居民综合型大医院预计利用集中指数为负，表明低收入组在综合型大医院方面预计应有更好的可及性；实际利用集中指数均为正，表明事实上高收入组在综合型大医院方面拥有更好的可及性，即综合型大医院可及性存在亲富人的不平等。从实际利用情况来看，最高收入组利用综合型大医院的概率最高，其后是中等收入组和最低收入组。从预计利用情况看，最低收入组预计利用综合型大医院的概率最高，最高收入组预计利用综合型大医院的概率次之。其中，最低收入组实际利用综合型大医院的概率比预计利用低 0.13%；较低收入组实际利用综合型大医院比预计利用高 0.16%；中等收入组实际利用综合型大医院的概率比预计利用高 0.13%；而较高收入组实际利用综合型大医院的概率比预计利用低 0.22%；最高收入组实际利用综合型大医院的概率比预计利用高 0.04%。

表 6-3 显示出居民生病及时就医的实际利用、预计利用和标准化需要利用的情况。居民生病及时就医预计利用集中指数为负，表明低收入组在生病及时就医方面预计应有更好的可及性；实际利用集中指数均为正，表明事实上高收入组在生病及时就医方面拥有更好的可及性，即生病及时就医可及性存在亲富人的不平等。从实际利用情况看，较低收入组实际利用了最多的生病及时就医服务，最高收入组次之。从预计利用情况来看，最高收入组生病及时就医的预计利用概率是最高的，较高收入组次之，即高收入居民生病及时就医的预计利用概率较高。其中，较低收入组生病及时就医的实际利用概率比预计利用概率高 0.07%；最低收入组生病及时就医的实际利用概率比预计利用概率低 0.14%；中等收入组生病及时就医的实际利用概率比预计利用概率低 0.31%；较高收入组生病及时就医的实际利用概率比预计利用概率低 0.22%；最高收入组生病及时就医的实际利用概率比预计利用概率低 0.28%。

6.2.2　医疗服务利用水平不平等分析

门诊次数、门诊支出、住院次数、住院时间和住院支出等是衡量医疗服务利用的重要指标[①]。本项研究结合中国健康与养老追踪调查问卷的相关问题和数据特征，将医疗服务利用水平操作化为住院总天数和住院总费用，医疗服务利用水平标准化处理方法同6.2.1小节中医疗服务可及性标准化处理方法。如果医疗服务利用水平是平等的，那么各收入阶层医疗服务利用水平的概率分布也应该相等，表6-3和表6-4反映的情况是不同收入居民的医疗服务利用水平各有差异，即医疗服务利用水平是不平等的。表6-4显示出居民住院总天数的实际利用、预计利用和标准化需要利用的情况。居民预计住院总天数集中指数为负，表明低收入居民患病后预计住院总天数更长，而居民实际住院总天数集中指数为正，说明在实际中高收入居民患病后住院总天数更长。从实际利用情况来看，不同收入水平居民住院总天数实际利用情况各不相同，较高收入组住院总天数的实际利用概率最高，最低收入组住院总天数实际利用概率次之。从预计利用情况看，不同收入水平居民住院总天数预计利用情况各异，最高收入组住院总天数预计概率最高，较高收入组住院总天数预计利用概率次之，即高收入居民住院总天数的预计利用概率较高。从居民住院总天数的实际利用和预计利用情况对比来看，除了最高收入组住院总天数实际利用概率比预计利用概率低0.06%，其余收入水平的居民住院总天数的实际利用概率均高于预计利用概率；最低收入组住院总天数的实际利用概率比预计利用概率高0.14%；较低收入组住院总天数的实际利用概率比预计利用概率高0.13%；中等收入组住院总天数的实际利用概率比预计利用概率高0.19%；较高收入组住院总天数的实际利用概率比预计利用概率高0.18%。

---

① Brown M E, Bindman A B, Lurie N, 1998. Monitoring the consequences of uninsurance: A review of methodologies [J]. Medical Care Research and Review, 55 (2): 177-210.

表 6-4　居民住院总天数的实际利用、预计利用和标准化需要利用

收入水平	住院总天数				
	加入非需要变量			标准化需要利用	
	实际利用	预计利用	差值	加入非需要变量	加入需要变量
最低收入组	0.014 8	0.013 4	0.001 4	0.030 6	0.037 6
较低收入组	0.014 2	0.012 9	0.001 3	0.033 4	0.039 8
中等收入组	0.013 9	0.012 0	0.001 9	0.036 9	0.042 1
较高收入组	0.015 7	0.013 9	0.001 8	0.032 8	0.035 9
最高收入组	0.014 5	0.015 1	-0.000 6	0.032 7	0.038 4
集中指数	0.035 4	-0.015 9		0.049 8	0.046 2

资料来源：作者利用 Stata 软件计算。

表 6-5 显示出居民住院总费用的实际利用、预计利用和标准化需要利用的情况。居民预计住院总费用集中指数为-0.028 5，说明收入水平较低的居民住院总费用预计使用更多；居民实际住院总费用集中指数为 0.040 2，说

表 6-5　居民住院总费用的实际利用、预计利用和标准化需要利用

收入水平	过去一年住院总费用（对数）				
	加入非需要变量			标准化需要利用	
	实际利用	预计利用	差值	加入非需要变量	加入需要变量
最低收入组	0.025 8	0.020 9	0.004 9	0.045 9	0.048 3
较低收入组	0.022 4	0.024 5	-0.002 1	0.048 7	0.051 2
中等收入组	0.026 9	0.027 8	-0.000 9	0.048 0	0.053 5
较高收入组	0.024 5	0.029 8	-0.005 3	0.046 2	0.050 8
最高收入组	0.029 6	0.031 2	-0.001 6	0.044 8	0.047 4
集中指数	0.040 2	-0.028 5		0.054 8	0.049 1

资料来源：作者利用 Stata 软件计算。

明事实上高收入居民的实际住院总费用更高。不同收入水平的居民住院总费用的实际利用情况各不相同，最高收入组住院总费用实际利用概率最高，中等收入组住院总费用的实际利用概率次之。不同收入水平的居民住院总费用预计利用情况各异，从总体来看，除了最低收入组住院总费用的实际利用概率高于预计利用概率外，其余收入水平的居民住院总费用的实际利用均低于预计利用。较低收入组住院总费用的实际利用概率比预计利用概率低0.21%；中等收入组住院总费用的实际利用概率比预计利用概率低0.09%；较高收入组住院总费用的实际利用概率比预计利用概率低0.53%；最高收入组住院总费用的实际利用概率比预计利用概率低0.16%。

6.3　医疗服务可及性与医疗服务利用水平不平等的分解

本项研究进一步对医疗服务可及性和医疗服务利用水平的集中指数进行分解，以考察各要素，尤其是城乡居民基本医疗保险对医疗服务可及性和医疗服务利用水平不平等的贡献。其分解方法和原理同健康不平等的分解。

6.3.1　医疗服务可及性不平等分解

表6-6、表6-7和表6-8均显示出居民医疗服务可及性不平等的分解结果。表6-6显示出预防医疗服务利用集中指数的分解结果。从分解结果看，就预防医疗服务利用而言，需要变量的集中指数为0.0139，这说明在不考虑非需要因素的情况下，高收入居民仍然利用了更多的预防医疗服务。需要变量对预防医疗利用不平等的总体贡献较大，占比为52.65%，其中居民健康水平对预防医疗服务利用不平等的贡献达39.39%，这说明健康水平是影响居民预防医疗服务利用不平等的重要因素。城乡居民基本医疗保险等非需要变量的集中指数为0.0125，这说明在考虑非需要变量时，高收入居民利用了更多的预防医疗服务。非需要变量对预防医疗服务利用的贡献度达到47.35%，其中城乡居民基本医疗保险的贡献占比为-12.88%，这说明由于

城乡居民基本医疗保险的引入，收入产生使预防医疗服务利用集中指数减少12.88%的间接效应。

表 6-6 居民预防医疗服务利用集中指数分解结果

	预防医疗服务利用集中指数的贡献	
	数值	占比（%）
需要变量		
健康水平	0.010 4	39.394
其他变量	0.003 5	13.258
合计	0.013 9	52.652
非需要变量		
城乡居民医疗保险	−0.003 4	−12.879
其他变量	0.015 9	60.227
合计	0.012 5	47.348
总计	0.026 4	100.00

资料来源：作者利用 Stata 软件计算。

表 6-7 显示出综合型大医院利用集中指数分解结果。从分解结果看，就综合型大医院利用而言，需要变量的集中指数为 0.016 3，这说明在不考虑非需要因素的情况下，高收入居民仍然更多在综合型大医院接受医疗服务。需要变量对综合型大医院利用不平等的总体贡献占比为 45.28%，其中居民健康水平对综合型大医院利用不平等的贡献达 34.72%，说明健康水平是影响居民综合型大医院利用不平等的重要因素。城乡居民基本医疗保险等非需要变量的集中指数为 0.019 7，说明在考虑非需要变量时，高收入居民利用了更多的综合型大医院服务。非需要变量对综合型大医院利用的总体贡献较大，贡献度达到 54.72%，其中城乡居民基本医疗保险的贡献占比为 −6.94%，说明由于城乡居民基本医疗保险的引入，收入产生使综合型大医院利用集中指数减少 6.94%的间接效应。

表 6-7　居民综合型大医院利用集中指数分解结果

	综合型大医院利用集中指数的贡献	
	数值	占比（%）
需要变量		
健康水平	0.012 5	34.722
其他变量	0.003 8	10.556
合计	0.016 3	45.278
非需要变量		
城乡居民医疗保险	−0.002 5	−6.944
其他变量	0.022 2	61.667
合计	0.019 7	54.722
总计	0.036 0	100.00

资料来源：作者利用 Stata 软件计算。

表 6-8 显示出生病及时就医集中指数的分解结果。从分解结果看，就生病及时就医而言，需要变量的集中指数为 0.021 3，这说明在不考虑非需要因素的情况下，高收入居民生病及时就医的概率仍然更高。需要变量对生病及时就医不平等的贡献较大，占比为 52.08%，其中居民健康水平对生病及时就医不平等的贡献达 36.19%，说明健康水平是影响居民生病及时就医不平等的重要因素。城乡居民基本医疗保险等非需要变量的集中指数为 0.019 6，说明在考虑非需要变量时，与低收入水平居民相比，更多的高收入居民在生病时及时就医。非需要变量对生病及时就医不平等的贡献度达到 47.92%，其中城乡居民基本医疗保险的贡献占比为−10.76%，这说明由于城乡居民基本医疗保险的引入，收入产生使生病及时就医集中指数减少 10.76% 的间接效应。

表6-8　居民生病及时就医集中指数分解结果

	生病及时就医集中指数的贡献	
	数值	占比（%）
需要变量		
健康水平	0.014 8	36.186
其他变量	0.006 5	15.892
合计	0.021 3	52.078
非需要变量		
城乡居民医疗保险	−0.004 4	−10.758
其他变量	0.024 0	58.680
合计	0.019 6	47.922
总计	0.040 9	100.00

资料来源：作者利用 Stata 软件计算。

从表 6-6、表 6-7 和表 6-8 可知，居民医疗服务可及性集中指数为正，即与低收入居民相比，高收入居民的医疗服务可及性更好。但是，在三项医疗服务可及性指标的集中指数分解结果中，城乡居民基本医疗保险的集中指数均为负值，说明城乡居民基本医疗保险的引入增强了低收入居民的医疗服务可及性，从而缩小了居民医疗服务可及性不平等。具体来看，城乡居民基本医疗保险的贡献约占 6.94%～12.88%。这证实了提升居民的医疗服务可及性是城乡居民基本医疗保险缓解健康不平等的机制。

6.3.2　医疗服务利用水平不平等分解

表 6-9 和表 6-10 显示出居民医疗服务利用水平不平等的分解结果。表 6-9 显示出居民住院总天数集中指数分解结果。从分解结果看，就住院总天数而言，需要变量的集中指数为 0.014 2，这说明在不考虑非需要因素的情况下，高收入居民生病时住院总天数更长。需要变量对住院总天数不平等的贡献占比为 40.11%，其中居民健康水平对住院总天数不平等的贡献达 36.16%，说明健康水平是影响居民生病住院总天数不平等的重要因素。城

乡居民基本医疗保险等非需要变量的集中指数为 0.021 2，说明在考虑非需要变量时，与低收入居民相比，高收入居民住院总天数通常更长。非需要变量对住院总天数不平等的贡献较大，贡献度达到 59.89%，其中城乡居民基本医疗保险的贡献占比为-8.76%，这说明由于城乡居民基本医疗保险的引入，收入产生使住院总天数集中指数减少 8.76% 的间接效应。

表 6-9　居民住院总天数集中指数分解结果

	住院总天数集中指数的贡献	
	数值	占比（%）
需要变量		
健康水平	0.012 8	36.158
其他变量	0.001 4	3.955
合计	0.014 2	40.113
非需要变量		
城乡居民医疗保险	-0.003 1	-8.757
其他变量	0.024 3	68.644
合计	0.021 2	59.887
总计	0.035 4	100.00

资料来源：作者利用 Stata 软件计算。

表 6-10 显示出居民住院总费用集中指数分解结果。从分解结果看，就住院总费用而言，需要变量的集中指数为 0.018 9，这说明在不考虑非需要因素的情况下，高收入居民生病时住院总费用更高。需要变量对住院总费用不平等的贡献占比为 47.02%，其中居民健康水平对住院总费用不平等的贡献达 34.08%，说明健康水平是影响居民生病住院总费用不平等的重要因素。城乡居民基本医疗保险等非需要变量的集中指数为 0.021 3，说明在考虑非需要变量时，与低收入居民相比，高收入居民住院总费用通常更高。非需要变量对住院总费用不平等的贡献较大，贡献度达到 52.99%，其中城乡居民基本医疗保险的贡献占比为-6.22%，这说明由于城乡居民基本医疗保险的

引入，收入产生使住院总费用集中指数减少6.22%的间接效应。

表6-10　居民住院总费用集中指数分解结果

	过去一年住院总费用集中指数的贡献	
	数值	占比（%）
需要变量		
健康水平	0.013 7	34.080
其他变量	0.005 2	12.935
合计	0.018 9	47.015
非需要变量		
城乡居民医疗保险	−0.002 5	−6.219
其他变量	0.023 8	59.204
合计	0.021 3	52.985
总计	0.040 2	100.00

资料来源：作者利用 Stata 软件计算。

　　从表6-9和表6-10可知，居民医疗服务利用水平集中指数为正，即与低收入居民相比，高收入居民利用了更多的医疗服务。但是，在两项医疗服务利用水平指标的集中指数分解结果中，城乡居民基本医疗保险的集中指数均为负值，这说明城乡居民基本医疗保险的引入提高了低收入居民的医疗服务利用水平，从而缩小了居民医疗服务利用水平的不平等。具体来看，城乡居民基本医疗保险的贡献约占6.22%~8.76%。这证实了提高居民的医疗服务利用水平是城乡居民基本医疗保险缓解健康不平等的机制。

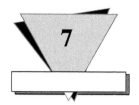

研究结论与政策建议

7.1 研究结论

7.1.1 城乡居民基本医疗保险改善居民健康和健康不平等

（1）城乡居民基本医疗保险对居民健康的影响

无论采用 Probit 模型还是最小二乘法（OLS）进行回归分析，城乡居民基本医疗保险均在统计水平上显著且回归系数符号为正，即居民如果参加了城乡居民基本医疗保险，其健康状况会得到改善。以 Probit 模型回归结果为例，在未加入任何控制变量时，城乡居民基本医疗保险在1%统计水平上显著，且回归系数符号为正，这说明在未加入控制变量时，城乡居民基本医疗保险对居民健康产生了显著的正向影响。在依次加入居民个体特征、家庭特征与生活方式特征控制变量后，回归结果显示城乡居民基本医疗保险的估计值有所下降，但城乡居民基本医疗保险对居民健康的影响依然在1%或5%统计水平上显著且回归系数符号为正。最小二乘法（OLS）回归结果显示，在未加入控制变量以及依次加入城乡居民个体特征、家庭特征与生活方式特征控制变量后，城乡居民基本医疗保险始终在1%统计水平上显著且回归系数符号为正，这进一步证实城乡居民基本医疗保险对居民健康产生了正向效应。

（2）城乡居民基本医疗保险对居民健康影响的异质性

为了探讨城乡居民基本医疗保险对居民健康影响的异质性，本项研究同时使用 Probit 模型和最小二乘法（OLS）进一步比较了城乡居民基本医疗保险对不同户籍、不同性别与不同年龄居民健康影响的差异。就户籍差异而言，城乡居民基本医疗保险对农村和城镇居民健康均产生了显著的积极影响，但对改善城镇居民健康的边际效应要高于农村居民。就性别差异而言，城乡居民基本医疗保险对女性和男性居民健康均具有正向影响，但与女性居民相比，城乡居民基本医疗保险对改善男性居民健康的边际效应更大。就年龄差异而言，城乡居民基本医疗保险对45~59 岁居民以及 60 岁及以上居民健康均产生了积极影响，但仅对 60 岁及以上居民健康产生的正向影响在统计水平上显著。异质性分析表明，城乡居民基本医疗保险对城镇居民、男性居民以及 60 岁及以上居民健康改善的边际效应更大。

（3）居民健康不平等的影响因素及贡献

本项研究采用集中指数法测量居民健康不平等并采用集中指数分解法考察影响居民健康不平等的因素及其贡献。分解结果显示，在城乡居民样本中，对健康不平等贡献为正的因素依次是家庭收入、教育年限、户籍、性别、家庭消费、睡眠时长、社交活动频率、子女经济支持和与其他人居住，而城乡居民基本医疗保险、年龄、家庭规模、与子女居住、与配偶居住、吸烟、婚姻类型和喝酒对城乡居民健康不平等的贡献为负。在城镇居民样本和农村居民样本中，各影响因素对居民健康不平等的贡献有所差异，但是收入和教育年限均是导致居民健康不平等扩大的两大主要因素。在城乡居民样本中，户籍也是导致城乡居民健康不平等扩大的重要因素之一。收入、教育年限和户籍均为社会经济地位的关键度量指标，这说明居民健康不平等主要是由社会经济地位差异造成的，这也表明当前我国居民健康不平等是不公平的，应该采取措施予以缩小或避免。值得注意的是，在城乡居民样本、城镇居民样本和农村居民样本中，城乡居民基本医疗保险均为对健康不平等贡献为负的首要因素，这表明城乡居民基本医疗保险的实施对缩小居民健康不平等发挥了重要作用，城乡居民基本医疗保险缩小居民健康不平等的政策目标得到了实现。

（4）城乡居民基本医疗保险对居民健康不平等贡献的变化

由于本项研究使用了中国健康与养老追踪调查 2011 年、2013 年和 2015 年的数据，因此进一步考察了城乡居民基本医疗保险对居民健康不平等贡献的变化。分析结果显示，无论是在城乡居民样本中，还是在城镇居民样本、农村居民样本中，城乡居民基本医疗保险对缩小居民健康不平等一直发挥着重要作用，并且随着时间的推移，城乡居民基本医疗保险覆盖了更多的低收入居民，一直对居民健康具有积极影响，因此对缓解居民健康不平等的贡献在扩大。

具体来看，在城乡居民样本中，2013 年和 2015 年城乡居民基本医疗保险的弹性系数分别为 0.289 4 和 0.268 9，表明城乡居民基本医疗保险对城乡居民健康具有正向影响；城乡居民基本医疗保险的集中指数分别为 -0.141 8 和 -0.158 2，表明城乡居民基本医疗保险覆盖了更多的低收入城乡居民；城乡居民基本医疗保险对城乡居民健康不平等的贡献率在 2013 年和 2015 年分别为 -9.82% 和 -11.15%，即随着时间的推移，城乡居民基本医疗保险对缓解城乡居民健康不平等的贡献在扩大。在城镇居民样本中，2013 年和 2015 年城乡居民基本医疗保险的弹性系数分别为 0.280 8 和 0.297 3，表明城乡居民基本医疗保险对改善城镇居民健康的作用在不断增强；2013 年和 2015 年城乡居民基本医疗保险的集中指数分别为 -0.158 7 和 -0.182 4，表明城乡居民基本医疗保险覆盖了更多的低收入城镇居民；城乡居民基本医疗保险在 2013 年和 2015 年对健康集中指数的贡献率分别为 -13.87% 和 -16.22%，表明随着时间的推移，城乡居民基本医疗保险对缩小城镇居民健康不平等的贡献在扩大。在农村居民样本中，2013 年和 2015 年城乡居民基本医疗保险的弹性系数分别为 0.274 4 和 0.290 2，表明城乡居民基本医疗保险对改善农村居民健康的作用在不断增强；2013 年和 2015 年城乡居民基本医疗保险的集中指数分别为 -0.130 9 和 -0.140 4，表明随着时间的推移，城乡居民基本医疗保险覆盖了更多的低收入农村居民；城乡居民基本医疗保险在 2013 年和 2015 年对健康集中指数的贡献率分别为 -8.17% 和 -9.48%，表明城乡居民基本医疗保险对缩小农村居民健康不平等的贡献在扩大。对健康不平等的变化予以分解发现，在城乡居民样本、城镇居民样本和农村居民样本中，2013—2015 年，城乡居民基本医疗保险对健康集中指数变化的贡献主要来自城乡居民基本医疗保险对集中指数变化的贡献。

（5）城乡居民基本医疗保险作用于健康不平等的渠道

本项研究还探讨了城乡居民基本医疗保险对不同收入居民健康状况改善的差异，旨在探析城乡居民基本医疗保险作用于健康不平等的渠道。分析结果显示，在城乡居民样本中，城乡居民基本医疗保险对较低收入组城乡居民的健康改善作用最大，这部分城乡居民自评健康得分提高约 0.124，较高收入组、最低收入组、中等收入组及最高收入组城乡居民自评健康得分依次提高了 0.093、0.059、0.031、0.023。在城镇居民样本中，城乡居民基本医疗保险对较高收入组城镇居民的健康改善作用最大，这部分城镇居民自评健康得分提高约 0.095 6，较低收入组、最低收入组、最高收入组及中等收入组城镇居民自评健康得分分别提高了 0.083 1、0.059 2、0.033 7、0.012 4。在农村居民样本中，城乡居民基本医疗保险对中等收入组农村居民的健康改善作用最大，这部分农村居民自评健康得分提高约 0.198，较高收入组、最低收入组、最高收入组及较低收入组农村居民自评健康得分依次提高了 0.171、0.129、0.126、0.112。由此可见，无论是在城乡居民样本、城镇居民样本还是农村居民样本中，城乡居民基本医疗保险普遍改善了不同收入居民的健康状况，这可能是城乡居民基本医疗保险缓解居民健康不平等的重要渠道。

7.1.2　城乡居民基本医疗保险缓解健康不平等的机制

（1）医疗服务可及性不平等情况

本项研究以利用预防医疗服务、利用综合型大医院、生病及时就医三项指标衡量居民医疗服务可及性。研究结果显示，三项指标的预计利用集中指数均为负，即低收入者预计拥有更好的医疗服务可及性；三项指标的实际利用集中指数均为正，表明事实上高收入者拥有更好的医疗服务可及性；标准化需要利用集中指数为正，说明标准化需要利用后依然是高收入者拥有更好的医疗服务可及性。具体来看，在预防医疗服务方面，不同收入水平的居民实际利用预防医疗服务的概率均高于预计利用，最高收入组实际利用预防性医疗服务的概率略高于最低收入组。对于综合型大医院的利用，最低收入组实际利用概率较预计利用概率低 0.13%，最高收入组实际利用概率较预计利用概率高 0.04%。在生病及时就医方面，除较低收入组外，其余居民生病及时就医的实际利用概率均低于预计利用概率，最高收入组生病及时就医的实际利用概率略高于最低收入组。

（2）医疗服务利用水平不平等情况

本项研究将居民医疗服务利用水平操作化为住院总天数和住院总费用。研究结果显示，住院总天数和住院总费用的预计利用集中指数均为负，即低收入者预计医疗服务利用水平更高；住院总天数和住院总费用的实际利用集中指数均为正，表明事实上高收入者的医疗服务利用水平更高；标准化需要利用集中指数均为正，说明标准化需要利用后依然是高收入者拥有更高的医疗服务利用水平。具体来看，在住院总天数方面，除最高收入组外，其余居民住院总天数的实际利用概率均高于预计利用概率。对于居民过去一年住院总费用，仅最低收入组实际利用概率高于预计利用概率。

（3）医疗服务可及性不平等分解

为考察各影响因素对居民医疗服务可及性不平等的贡献，本书对医疗服务可及性不平等进行分解。就预防医疗服务而言，在考虑或不考虑非需要变量的情况下，始终是高收入居民利用了更多的预防医疗服务，居民健康水平对预防医疗服务利用不平等的贡献达 39.39%。健康水平是影响居民预防医疗服务利用不平等的重要因素，城乡居民基本医疗保险的贡献占比为−12.88%，这说明由于城乡居民基本医疗保险的引入，收入产生使预防医疗服务利用集中指数减少 12.88% 的间接效应。就综合型大医院利用而言，在考虑或不考虑非需要变量的情况下，始终是高收入居民更多地在综合型大医院接受医疗服务，居民健康水平对综合型大医院利用不平等的贡献达34.72%，说明健康水平是影响居民综合型大医院利用不平等的重要因素；城乡居民基本医疗保险的贡献占比为−6.94%，说明由于城乡居民基本医疗保险的引入，收入产生使综合型大医院利用集中指数减少 6.94% 的间接效应。在生病及时就医方面，无论是否考虑非需要因素，始终是高收入居民生病及时就医的概率更高，居民健康水平对生病及时就医不平等的贡献达36.19%，说明健康水平是影响居民生病及时就医不平等的重要因素；城乡居民基本医疗保险的贡献占比为−10.76%，说明由于城乡居民基本医疗保险的引入，收入产生使生病及时就医集中指数减少 10.76% 的间接效应。由此可见，与低收入居民相比，高收入居民的医疗服务可及性更好。在三项医疗服务可及性指标的集中指数分解结果中，需要变量中健康水平是导致居民医疗服务可及性不平等扩大的首要因素，非需要变量中城乡居民基本医疗保险的集中指数均为负值，说明城乡居民基本医疗保险的引入增强了低收入居民的医疗服务可及性，从而缩小了居民医疗服务可及性的不平等。这表明提升居民的医疗服务可及性是城乡居民基本医疗保险缓解健康不平等的机制。

（4）医疗服务利用水平不平等分解

本书还对居民医疗服务利用水平不平等进行分解，结果如下：①无论是否考虑非需要因素，高收入居民生病时住院总天数更长，居民健康水平对住院总天数不平等的贡献达 36.16%，说明健康水平是影响居民生病住院总天数不平等的重要因素；城乡居民基本医疗保险的贡献占比为-8.76%，说明由于城乡居民基本医疗保险的引入，收入产生使住院总天数集中指数减少 8.76%的间接效应。②无论是否考虑非需要因素，高收入居民生病时住院总费用更高；居民健康水平对住院总费用不平等的贡献达 34.08%，说明健康水平是影响居民生病住院总费用不平等的重要因素；城乡居民基本医疗保险的贡献占比为-6.22%，说明由于城乡居民基本医疗保险的引入，收入产生使住院总费用集中指数减少 6.22%的间接效应。

由此可得出结论：与低收入居民相比，高收入居民利用了更多的医疗服务。但是，在两项医疗服务利用水平指标的集中指数分解结果中，需要变量中健康水平是导致居民医疗服务利用水平不平等扩大的首要因素，城乡居民基本医疗保险的集中指数均为负值，说明城乡居民基本医疗保险的引入提高了低收入居民的医疗服务利用水平，从而缩小了居民医疗服务利用水平的不平等。这表明提高居民的医疗服务利用水平是城乡居民基本医疗保险缓解健康不平等的机制。

7.2　政策建议

健康是人力资本的重要组成部分，是人类生存和发展的基础。健康权是公民的基本权利之一，保障公民健康权的公平实现是基本医疗保险最基本的要求。城乡居民基本医疗保险整合的目的在于破除户籍限制，将城乡居民纳入同一医疗保险体系，使城乡居民享受平等的缴费标准和医疗保险待遇，促进城乡居民健康权利公平的实现。本项研究发现，城乡居民基本医疗保险改善了居民健康状况，并且对缩小居民健康不平等做出了重要贡献。在肯定城乡居民基本医疗保险所取得成效的同时，也应该对其存在的不足予以关注。此外需要注意的是，居民健康不平等的影响因素是多方面的，其贡献也各不相同。因此，改善居民健康不平等状况仅仅依靠城乡居民基本医疗保险是远远不够的，需要多项制度和资源有机配合。本节结合城乡居民基本医疗保险对居民健康不平等的影响、健康不平等的诸多影响因素及其贡献，提出促进城乡居民基本医疗保险发展和改善居民健康不平等的建议。

7.2.1 城乡居民基本医疗保险从形式平等走向实质公平

根据《国务院关于整合城乡居民基本医疗保险制度的意见》（国发〔2016〕3号），城乡居民基本医疗保险整合在于统一覆盖范围、统一筹资政策、统一保障待遇、统一医保目录、统一定点管理和统一基金管理。城乡居民基本医疗保险整合只是实现了形式的平等，即城乡居民缴纳同样的医疗保险费用，享受同样的医疗保障范围和医疗费用报销标准。然而，城乡居民基本医疗保险制度起付线和共付比的设置制约了低收入居民的医疗服务利用。在拥有相同医疗需要的情况下，支付能力的差异导致不同收入水平居民从医疗保险中获得的收益存在差异。高收入居民因支付能力更强且医疗服务可及性更好，利用了更多的医疗服务，从而享受了更多的医疗保险补偿。低收入居民受制于有限的收入，加上医疗服务可及性较差，在患病时利用的医疗服务相对较少，从医疗保险中获得的补偿较少。此外，低收入居民通常生活条件差，大多从事高强度体力劳动且工作环境较为恶劣，他们面临的健康风险更高，且健康状况往往更差，需要更多的医疗服务和医疗保险补偿，但实际医疗服务利用水平和获得的医疗保险补偿水平普遍较低。低收入居民虽与高收入居民缴纳同等的医疗保险费用，但高收入居民利用了更多的医疗服务，从医疗保险中获得的收益高于其缴纳的保费价值。以上分析表明，形式平等的城乡居民基本医疗保险实质上使高收入居民受益多于低收入居民，导致"穷人补贴富人"的现象发生。

公平和平等都不是绝对的，而是一个历史过程。俞德鹏（2001）通过考察人类社会发展史，认为人类社会的平等化进程大致可分为三个历史阶段[①]。第一阶段是形式和实质均不平等的等级社会，在这个阶段特权阶层属

[①] 俞德鹏，2001. 社会主义平等原则的内涵是机会平等 [J]. 社会主义研究 (6)：26-28.

于强者；第二阶段是形式平等但实质不平等的平权社会；在第三阶段，各项福利和资源向弱势群体倾斜，形成形式不平等但实质平等的平等社会。根据平等社会发展进程的三阶段理论，城乡居民基本医疗保险整合首先由形式不平等、实质也不平等的城镇居民医疗保险和新型农村合作医疗制度整合为形式平等的城乡居民基本医疗保险制度，达到消除城乡户籍界限、消除政策壁垒的目的；然后在经济和社会条件允许的情况下，调整已有的均等化制度设计，逐步由形式平等的城乡居民基本医疗保险制度转为形式上不平等（医疗资金、医疗服务等向弱势群体倾斜）但实质上促进公平的城乡居民基本医疗保险制度。例如，对低收入居民参加城乡居民基本医疗保险缴费进行减免，适度提高低收入居民的医疗保险报销比例；低收入居民大多在基层医疗机构就诊，可以提高基层医疗机构的医疗费用报销比例，从而在鼓励分级诊疗的同时使较多在基层医疗机构就诊的低收入居民获得更多的医疗保险补偿；还可以对参加城乡居民基本医疗保险的低收入居民在就诊报销时直接给予补贴；另外，应强化对低收入居民的卫生帮扶工作力度，不断完善医疗救助体系，使医疗救助与城乡居民基本医疗保险有效衔接，增强低收入居民的医疗服务可及性，保障人人患病时均可使用基本医疗服务。

7.2.2　缩小社会经济地位差距

本项研究发现，居民健康集中指数为正，即居民健康分布存在亲富人的不平等。此外，对居民健康集中指数进行分解发现，无论是在城乡居民样本、城镇居民样本还是农村居民样本中，居民健康不平等的扩大主要是由收入、教育年限等社会经济地位因素造成的。其中，收入始终对居民健康不平等贡献最大，贡献率为13.53%~32.29%。这也为如何缩小居民健康不平等提供了重要启示，即缩小社会经济地位差距，尤其是解决收入不平等问题是改善居民健康不平等状况的有效途径。

（1）完善初次分配和再分配，缩小收入差距

首先，完善生产要素市场以消除初次分配领域的不公。初次分配是中国收入分配不平等的根源，改革开放以来，我国经济得到了迅速发展，但生产要素市场依然是不完善的，劳动力市场分割、就业机会上的性别和户籍歧

视、国企与国有资本垄断及行政干预过多等现象较为严重，这在一定程度上导致了生产要素配置效率较低，引发了收入分配领域种种不公现象。在市场化改革中，应重点完善劳动力市场、资本市场和土地市场，使市场在资源配置中的基础性作用得以充分发挥，尽量避免非市场机制对初次收入分配产生消极影响。

就完善劳动力市场而言，第一，要深化户籍制度改革，消除劳动力在城乡、地区之间流动的制度限制和就业中的户籍歧视现象，为劳动力拓宽就业渠道；第二，严格执行最低工资制度和社会保障制度，消除就业中的性别、年龄歧视现象，对农民进城务工给予政策支持，规范同工同酬制度，千方百计保障劳动者的合法权益；第三，经济结构调整和产业升级对劳动者的能力提出了越来越高的要求，通过开展职业教育和技能培训不断提升劳动者的素质，增强其就业竞争力并增加其职业选择机会。完善劳动力市场可以逐步缩小工资收入导致的收入差距。

就资本市场而言，由于国有资本占据主导地位且垄断性极强，民间资本在与国有资本竞争时处于十分不利的地位，国有资本与国有企业可以获得垄断利润，导致垄断行业与其他行业间的工资差距过大①。此外，与城市相比，农村资本市场发展较为滞后，正规金融供给不足问题较为突出，制约了农村经济发展，影响了农民收入水平的提高。一方面，要加速利率市场化步伐，消除对民间资本的排斥与歧视，构建公平、统一的金融市场，以逐步破除垄断行业收入过高及行业间收入差距过大的问题。另一方面，发展经济离不开资金支撑，要加大对农村的金融支持，才能助力农民快速稳定增收，逐步缩小城乡居民收入差距。例如，适当下调农村金融机构准入门槛，鼓励各银行拓展农村金融服务，建立健全农村金融服务体系；积极引导城市资金向农村和乡镇企业流动，增加对农村的信贷投放和资金供给，解决乡镇企业和农民创业融资难题。

关于土地市场，由于城镇土地可以流通且城镇土地价值更高，城镇居民可以从土地增值中获得较高的收益，而农村土地属于集体所有，农民仅拥有

---

① 岳希明，李实，史泰丽，2010. 垄断行业高收入问题探讨 [J]. 中国社会科学（3）：78-94，222-223.

土地的承包权和经营权，无权通过土地流通获得收益，农村土地流转规模较小，农民从土地流转中获得的收益较少，这导致城乡居民财产性收入差距较大。那么，如何发挥农村土地增加农民财产性收入的作用呢？第一，农村土地承包关系应保持长期稳定，并健全土地承包经营权登记制度，确保土地承包落实到户；第二，应加快农村土地制度变革的步伐，为土地要素资本化提供制度保障。一方面，应深化农村土地"三权"分置的制度改革，将农村土地的承包权和经营权分离，使农村居民在保留土地承包权的同时能够以持股的方式将土地经营权转让出去，并以股份分红的形式获得财产性收入，从而缩小城乡居民财产性收入的差距。另一方面，在明确农村土地产权的同时，建立健全产权清晰、规范有序的农村土地产权交易市场，形成公平合理的农村土地要素收益分配机制，积极盘活农村集体土地、空闲农房和宅基地资源，促进农村土地得到合理有效的流转，扩大农民财产性收入渠道。此外，还要对农村集体土地征占用制度进行进一步的改革，使农民从土地增值中获得更多收益。随着户籍制度深化改革，劳动力市场分割和歧视等问题会逐步得以解决；随着金融体制深化改革，资本市场的垄断和扭曲等问题会得到有效解决；乡村振兴战略的实施将不断推进农村土地市场的改革与发展；随着生产要素市场的不断发展与完善，由此产生的收入差距扩大效应会逐渐减弱。

其次，加快完善收入再分配制度，增强再分配对收入的调节作用，逐步形成合理的收入分配格局是缓解目前居民收入差距的主要途径。一般来说，税收和公共转移支付等再分配调节机制对缩小收入差距具有显著作用。在我国现行税制中，直接税种类少、比重低，间接税所占比重偏高。在间接税为主的税制下，高收入者的税负相对较轻，而一般劳动者所承担的税负相对较重，这导致税收的再分配作用无法有效发挥。尽管个人所得税采用了累进税制，但占比偏低，加之对高收入者的征管能力较差，对收入的调节作用十分有限，甚至还加剧了收入不平等。一方面，应完善个人所得税制度，按家庭综合征收个人所得税，将个人所得税的纳税重点放在高收入人群，以强化个人所得税对收入的调节作用。另一方面，开征房产税和遗产税等财产税，并实施结构性减税，减轻中低收入者和小微型企业税负，构建有利于缩小收入差距、促进社会公平的税收制度。此外，深化经常性转移支付制度改革，提高财政支出中民生支出占比，加大对低收入居民的经常性转移支付力度以提高低收入居民的收入水平。社会保障是重要的转移支付制度之一，我国社会保障制度的特点是"低水平、广覆盖"，在建立起覆盖城乡居民的社会保障体系的同时，结合社会经济发展状况，适当提升社会保障水平，加强对低收入群体的保障力度，增强社会保障制度的普惠性和公平性，促进社会保障制度作为再分配手段调节收入差距功能的发挥。

需要强调的是，无论是完善初次分配或是再分配，都要坚持以经济发展为基础解决收入不平等问题。保持适当增速和高质量的经济发展是增加就业机会和提高居民收入的前提，只有这样才能使经济发展成果为更多人共享，从而逐步缩小收入差距，实现高质量的收入平等。

（2）推进教育公平，缩小社会经济地位差距

根据布劳-邓肯的经典社会地位获得模型，教育是人力资本的重要组成部分，决定着人们在劳动力市场的表现，从而影响人们社会经济地位的获得。大量实证研究发现，教育的回报与受教育程度成正比，这不仅包括经济上的物质回报，还包括非物质回报。因此，发展教育对于缩小社会经济地位差距具有至关重要的作用。此外，受教育程度的提高往往有利于改善人们的健康状况。受教育程度高者通常能找到体面的工作且不易失业，因而收入水平较高，这能够为改善健康状况提供经济支持；受教育程度高者一般对自身健康状况有较为清晰的认知，从而能够更有针对性地对自身健康进行投资，受教育程度高者的健康要素投入获得的健康产出往往更高；受教育程度的提升还有助于增强人们的软实力，如更加积极的心态、良好生活习惯的养成等。因此，提升居民受教育水平对于改善居民健康状况、缩小健康不平等状况具有重要意义。

长期以来，我国区域、城乡教育发展不平衡现象比较严重，教育资源在不同学校分布并不均衡，不同群体教育差距较大。因此，应推进教育公平，以教育公平促进社会经济地位差距的缩小和健康平等的实现。教育公平的实现离不开经济基础，也需要政策支持。可以通过统筹区域、城乡经济发展，在地区和城乡间经济差距缩小的基础上实施补偿教育制度，使教育资源配置

向中西部地区和农村倾斜，逐步实现地区间、城乡间教育均衡发展。推进教育公平既要重视优质教育资源的增加，又要发挥信息技术不受时间、空间限制的优势，使信息技术与教育深度结合实现优质教育资源的共享。发展教育离不开资金支持，应持续加大对教育的财政投入力度，继续提高教育经费占GDP 的比重，加强教育硬件建设，不断完善办学条件。师资队伍建设是发展教育的关键，一方面要提高教师待遇，落实各项补贴政策，增强教师的荣誉感、获得感和职业吸引力；另一方面要加大对教师的培训力度，及时更新知识，不断提升教学能力。此外，对于教育落后地区，要通过改善教学条件、加大对教师的补助，在评优评先和职称晋升上给予优先政策，以留住和吸引优质教师，逐步缩小校际差距。增强教育公平性还要注重增加对贫困地区、低收入群体的教育投资，降低教育资源在贫富人群间分配的不均，使不同群体获得均等的受教育机会，注重提升教育质量并不断缩小教育质量差距，通过发挥教育的外部性，以改善健康的不平等。

7.2.3　医疗服务资源向基层下沉

基层医疗机构旨在满足居民基本医疗服务需求，低收入人群对基层医疗机构和基本医疗服务利用比较多。加强基层医疗机构服务能力建设，有利于提升低收入居民的医疗服务可及性并促进低收入居民对医疗服务的利用，从而有助于改善低收入居民健康状况并缩小健康不平等。我国基层医疗服务供给总量相对不足，基层医疗机构医疗设施等硬件较差，基层医务人员数量较少、业务能力较弱，这一情况在农村地区和贫困地区尤为严重，导致基层医疗机构所扮演的人民群众健康"守门员"的功能未能正常实现。为了破除这一困境，要加强基层医疗机构建设，特别要加强农村基层医疗机构建设，财政卫生支出应向基层倾斜，改善基层医疗机构医疗设施条件，引导医务人员向基层医疗机构流动，不断提升基层医疗机构的医疗水平和服务质量，提高低收入居民医疗服务可及性和医疗服务利用水平，保障公民公平享有健康和医疗服务的权利。医疗服务资源向基层倾斜的另一个优势在于，使基层医疗机构承担起解决居民常见健康问题的责任，帮助大型综合型医院分担就诊压力，降低居民医疗费用。

资金和先进的医疗设备等硬件资源可在短时间内为基层医疗机构有效配置，但作为医疗服务核心载体的医疗人力资源却在短时间内难以有效配置。一方面，补充医务人员离不开医学教育的发展。医学生的培养应以人民的健康需求为导向，以培养解决实际问题的能力和岗位胜任力为目标，培养"用得上、下得去"的实用型医学人才，源源不断地为卫生系统输送高质量的人力资源。此外，应对医学院专业设置进行改革，开设全科医学专业，加快建立全科医生培养制度，不断为基层医疗机构补充医务人员，增强基层医疗机构守护居民健康的能力，满足居民基本医疗服务需求。还可借鉴教育人才培养机制，建立医学生定向培养机制，通过免学费、定向就业等方式引导医学毕业生到基层医疗机构工作。另一方面，注重对基层医务人员的培训并引导城市医务人员向基层流动。通过开展常态化基层医务人员业务培训，不断提升基层医务人员的业务能力和服务质量；制定针对基层医务人员的福利政策，实施薪酬、职称评定及工作晋升等激励机制以留住基层医务人员；建立健全巡诊制度，鼓励城市医务人员定期到基层坐诊。

7.2.4 重视公共卫生事业发展

古时有大医治未病，现代医学同样提倡预防重于治疗，两者都强调了增强保健意识和预防疾病的重要性。除了整合城乡居民基本医疗保险，使居民享受平等的医疗保险待遇，从而提高其医疗服务可及性和医疗服务利用水平，还可以加大对公共卫生事业的投资，广泛开展预防保健工作和健康知识宣传，通过预防措施改善居民的健康状况。一方面，加大对公共卫生事业的投资力度，优化医疗条件和人居环境，为居民提供普惠性的疾病预防和健康体检等服务，对疾病做到早发现、早诊治、早康复，降低"小病转化为大病"的概率。这既可以高效率改善全体居民健康状况，又可以节约医疗费用支出。另一方面进行健康教育。健康教育是指通过向大众传播营养、健康、保健知识和信息，提升个人的健康意识并促使其养成良好的生活方式，降低疾病风险，它是预防保健工作最重要的方法之一。诸多研究证实，受制于有限的教育水平和经济条件，低收入居民的健康意识普遍较为淡薄，感染疾病的风险较高。此外，低收入居民大多从事高强度的体力劳动，工作环境和生活条件普遍较差，这会加速其健康资本的折旧，导致其容易在中老年时期患上较为严重的疾病。开展健康教育，加大健康知识的宣传力度，可以帮助全体居民，尤其是低收入居民强化健康意识，提高对疾病的认知并养成健康的生活方式，采取各种措施降低患病风险，在患病后及时就医得到有效的治疗，从而保持较好的健康状况。总之，不断提高惠及全体居民的公共卫生事业发展水平和健康知识的宣传力度，既是对基本医疗保险的有益补充，也将有效改善低收入居民的健康状况。研究发现，在发生突发性公共卫生安全事件时，居民会尤为关注如何保持健康避免感染疾病，这有助于促使居民积极获取保健和健康信息并形成良好的卫生习惯①。2019年年底我国暴发了新冠疫情，疫情对经济和社会造成了巨大损失，给居民生活和工作带来了诸多不便。在发生突发性公共卫生安全事件时，居民往往会增加对保健信息的需求，各地政府可以通过搜索引擎、电视、广播、短信和新媒体等多种渠道宣传健康信息，推动居民形成良好的卫生习惯，完善我国的疾病防控、医疗救治体系。2019年疫情过后居民卫生健康状况得到持续改善，一定程度上缩小了健康不平等的程度。

---

① Aguero J M, Beleche T, 2017. Health shocks and their long‐lasting impact on health behaviors: Evidence from the 2009 H1N1 pandemic in Mexico [J]. Journal of Health Economics, 54 (6): 40-55.

参考文献

［1］阿马蒂亚·森，2002. 以自由看待发展［M］. 任赜，于真，译. 北京：中国人民大学出版社.

［2］阿马蒂亚·森，2006. 论经济不平等/不平等之再考察［M］. 王利文，于占杰，译. 北京：社会科学文献出版社.

［3］白晓，王超，2019. 婚姻状态和死亡率：审视中国的 Farr-Bertillon 效应：基于1990 和 2010 年人口普查数据［J］. 人口学刊，41（4）：18-27.

［4］陈东，张郁杨，2015. 与收入相关的健康不平等的动态变化与分解：以我国中老年群体为例［J］. 金融研究（12）：1-16.

［5］陈光燕，司伟，2019. 居住方式对中国农村老年人健康的影响：基于 CHARLS 追踪调查数据的实证研究［J］. 华中科技大学学报（社会科学版），33（5）：49-58.

［6］陈浩，周绿林，2011. 中国公共卫生不均等的结构分析［J］. 中国人口科学（6）：72-83，112.

［7］陈华，邓佩云，2016. 城镇职工基本医疗保险的健康绩效研究：基于 CHNS 数据［J］. 社会保障研究（4）：44-52.

［8］陈璐，范红丽，2016. 家庭老年照料对女性照料者健康的影响研究［J］. 人口学刊，38（4）：48-59.

［9］程令国，张晔，2012. "新农合"：经济绩效还是健康绩效？［J］. 经济研究，47（1）：120-133.

［10］程令国，张晔，沈可，2014. 教育如何影响了人们的健康？：来自中国老年人的证据［J］. 经济学（季刊），14（1）：305-330.

［11］程明梅，杨朦子，2015. 城镇化对中国居民健康状况的影响：基于省级面板数据的实证分析［J］. 中国人口·资源与环境，25（7）：

89-96.

[12] 仇雨临，2019. 中国医疗保障70年：回顾与解析 [J]. 社会保障评论，3（1）：89-101.

[13] 储雪玲，卫龙宝，2010. 农村居民健康的影响因素研究：基于中国健康与营养调查数据的动态分析 [J]. 农业技术经济（5）：37-46.

[14] 代志明，2008. 中国"城镇居民医保"基金盈余敏感性分析：以郑州市为例 [J]. 人口与发展（3）：52-57.

[15] 董阳，2018. 中国空气质量对公众健康的影响：基于与G20国家整体的比较 [J]. 人口与经济（2）：57-68.

[16] 杜本峰，王旋，2013. 老年人健康不平等的演化、区域差异与影响因素分析 [J]. 人口研究，37（5）：81-90.

[17] 冯桂平，乔楠，屈楚博，等，2017. 医疗保险模式对流动人口医疗卫生服务可及性影响研究：基于大连市的调查数据 [J]. 大连理工大学学报（社会科学版），38（1）：144-150.

[18] 高梦滔，2010. 新型农村合作医疗与农户卫生服务利用 [J]. 世界经济，33（10）：79-97.

[19] 高秋明，2018. 城乡老龄人群医疗服务利用差别研究：以北方某大型城市为样本 [J]. 中国特色社会主义研究（4）：33-38，58.

[20] 龚秀全，2019. 社会医疗保险对老人临终医疗服务利用的影响 [J]. 保险研究（4）：102-115.

[21] 谷琳，乔晓春，2006. 我国老年人健康自评影响因素分析 [J]. 人口学刊（6）：25-29.

[22] 顾海，2019. 统筹城乡医保制度、与收入相关的医疗服务利用和健康不平等 [J]. 社会科学辑刊（2）：88-97.

[23] 顾海，李佳佳，2009. 江苏省城镇居民医疗保险受益公平性研究：基于收入差异视角 [J]. 学海（6）：81-85.

[24] 顾海，马超，李佳佳，2013. 医保统筹地区城乡医疗服务利用差异的因素分解 [J]. 统计与信息论坛，28（6）：89-94.

[25] 顾和军，刘云平，2011. 与收入相关的老人健康不平等及其分解：

基于中国城镇和农村的经验研究 [J]. 南方人口, 26 (4): 1-9.

[26] 顾和军, 刘云平, 2012. 中国农村儿童健康不平等及其影响因素研究: 基于 CHNS 数据的经验研究 [J]. 南方人口, 27 (1): 25-33.

[27] 国家卫生健康委员会, 2022. 2021 年中国卫生健康事业发展统计公报 [EB/OL]. [2023-12-22]. Http://www. nhc. gov. cn/guihuaxxs/s10748/201905/9b8d52727cf346049de8acce25ffcbd0. shtml.

[28] 国家医保局, 2019. 2018 年医疗保障事业发展统计快报 [EB/OL]. [2019-09-22]. Http://www. nhsa. gov. cn/art/2019/2/28/art_7_942. html.

[29] 胡安宁, 2014. 教育能否让我们更健康: 基于 2010 年中国综合社会调查的城乡比较分析 [J]. 中国社会科学 (5): 116-130, 206.

[30] 胡宏伟, 2010. 国民健康公平程度测量、因素分析与保障体系研究 [M]. 北京: 人民出版社: 84.

[31] 胡宏伟, 2012. 城镇居民医疗保险对卫生服务利用的影响: 政策效应与稳健性检验 [J]. 中南财经政法大学学报 (5): 21-28, 60.

[32] 胡宏伟, 刘国恩, 2012. 城镇居民医疗保险对国民健康的影响效应与机制 [J]. 南方经济 (10): 186-199.

[33] 胡宏伟, 王静茹, 袁水苹, 等, 2016. 卫生资源与国民健康: 卫生资源投入增加会恶化国民健康吗 [J]. 社会保障研究 (1): 61-71.

[34] 胡琳琳, 2004. 阿马蒂亚·森:《以自由看待发展》 [J]. 公共管理评论 (2): 167-170.

[35] 胡琳琳, 2005. 我国与收入相关的健康不平等实证研究 [J]. 卫生经济研究 (12): 13-16.

[36] 胡琳琳, 胡鞍钢, 2003. 从不公平到更加公平的卫生发展: 中国城乡疾病模式差距分析与建议 [J]. 管理世界 (1): 78-87.

[37] 黄枫, 甘犁, 2010. 过度需求还是有效需求?: 城镇老人健康与医疗保险的实证分析 [J]. 经济研究, 45 (6): 105-119.

[38] 黄瑞芹, 易晶晶, 2017. 民族地区医疗服务可及性对农村居民健康的影响: 基于湖北省建始县的调查 [J]. 中南民族大学学报 (人文社会

科学版），37（5）：138-141.

　　［39］黄潇，2012. 与收入相关的健康不平等扩大了吗［J］. 统计研究，29（6）：51-59.

　　［40］解垩，2009. 与收入相关的健康及医疗服务利用不平等研究［J］. 经济研究，44（2）：92-105.

　　［41］靳永爱，周峰，翟振武，2017. 居住方式对老年人心理健康的影响：社区环境的调节作用［J］. 人口学刊，39（3）：66-77.

　　［42］景抗震，顾海，2019. 中国基本医疗保险对患者医疗支出负担的影响机理研究：来自省级层面2003—2014年面板数据的证据［J］. 学海（5）：94-100.

　　［43］李海明，2018. 供方诱导需求视角的就医行为研究：基于CHARLS数据的实证分析［J］. 中央财经大学学报（11）：117-128.

　　［44］李华，俞卫，2013. 政府卫生支出对中国农村居民健康的影响［J］. 中国社会科学（10）：41-60，205.

　　［45］李建新，夏翠翠，2014. 社会经济地位对健康的影响："收敛"还是"发散"：基于CFPS 2012年调查数据［J］. 人口与经济（5）：42-50.

　　［46］李姣媛，方向明，2018. 社会医疗保险对儿童健康和医疗服务消费的影响研究［J］. 保险研究（4）：98-111.

　　［47］李琴，雷晓燕，赵耀辉，2014. 健康对中国中老年人劳动供给的影响［J］. 经济学（季刊），13（3）：917-938.

　　［48］李胜会，宗洁，2018. 经济发展、社会保障财政支出与居民健康：兼对逆向选择行为的检验［J］. 宏观经济研究（11）：26-43.

　　［49］李实，杨穗，2011. 养老金收入与收入不平等对老年人健康的影响［J］. 中国人口科学（3）：26-33，111.

　　［50］李湘君，王中华，林振平，2012. 新型农村合作医疗对农民就医行为及健康的影响：基于不同收入层次的分析［J］. 世界经济文汇（3）：58-75.

　　［51］李玉娇，2016. 城乡差异、就医惯性与老年人卫生服务利用［J］. 西北人口，37（2）：5-10.

［52］连玉君，黎文素，黄必红，2015. 子女外出务工对父母健康和生活满意度影响研究［J］. 经济学（季刊），14（1）：185-202.

［53］梁童心，齐亚强，叶华，2019. 职业是如何影响健康的?：基于2012 年中国劳动力动态调查的实证研究［J］. 社会学研究，34（4）：193-217，246.

［54］刘昌平，赵洁，2016. 新农合制度的医疗服务可及性评价及其影响因素：基于 CHARLS 数据的实证分析［J］. 经济问题（2）：86-91.

［55］刘国恩，蔡春光，李林，2011. 中国老人医疗保障与医疗服务需求的实证分析［J］. 经济研究，46（3）：95-107，118.

［56］刘金伟，2009. 当代中国农村卫生公平问题研究［M］. 北京：社会科学文献出版社，51-54.

［57］刘小鲁，2017. 中国城乡居民基本医疗保险与医疗服务利用水平的经验研究［J］. 世界经济，40（3）：169-192.

［58］刘晓婷，2014. 社会医疗保险对老年人健康水平的影响：基于浙江省的实证研究［J］. 社会，34（2）：193-214.

［59］刘晓婷，黄洪，2015. 医疗保障制度改革与老年群体的健康公平：基于浙江的研究［J］. 社会学研究，30（4）：94-117，244.

［60］麻宝斌，杜平，2019. 医疗卫生服务可及性如何影响民众的公共医疗公平感：基于七省市问卷调查数据的分析［J］. 甘肃行政学院学报（1）：56-63.

［61］马超，宋泽，顾海，2016. 医保统筹对医疗服务公平利用的政策效果研究［J］. 中国人口科学（1）：108-117，128.

［62］马克思，恩格斯，1980. 马克思恩格斯全集第 46 卷下册［M］. 北京：人民出版社，477.

［63］马新文，2008. 阿玛蒂亚·森的权利贫困理论与方法述评［J］. 国外社会科学（2）：69-74.

［64］马哲，赵忠，2016. 中国儿童健康不平等的演化和影响因素分析［J］. 劳动经济研究（6）：22-41.

［65］孟琴琴，张拓红，2010. 老年人健康自评的影响因素分析［J］.

北京大学学报（医学版），42（3）：258-263.

［66］孟颖颖，韩俊强，2019. 医疗保险制度对流动人口卫生服务利用的影响［J］. 中国人口科学（5）：110-120，128.

［67］苗艳青，2008. 卫生资源可及性与农民的健康问题：来自中国农村的经验分析［J］. 中国人口科学（3）：47-55，96.

［68］倪秀艳，赵建梅，2014. 教育投入与健康不平等：来自中国健康与营养调查数据的证据［J］. 农业技术经济（3）：65-74.

［69］潘杰，雷晓燕，刘国恩，2013. 医疗保险促进健康吗？：基于中国城镇居民基本医疗保险的实证分析［J］. 经济研究，48（4）：130-142，156.

［70］潘杰，秦雪征，2014. 医疗保险促进健康吗？：相关因果研究评述［J］. 世界经济文汇（6）：60-70.

［71］潘泽泉，2019. 社会资本影响个人健康水平吗？：基于 CGSS 2008 的中国经验证据［J］. 浙江社会科学（1）：66-78，157-158.

［72］彭晓博，王天宇，2017. 社会医疗保险缓解了未成年人健康不平等吗［J］. 中国工业经济（12）：59-77.

［73］齐良书，李子奈，2011. 与收入相关的健康和医疗服务利用流动性［J］. 经济研究，46（9）：83-95.

［74］齐亚强，2014. 自评一般健康的信度和效度分析［J］. 社会，34（6）：196-215.

［75］任国强，黄云，周云波，2017. 个体收入剥夺如何影响城镇居民的健康？：基于 CFPS 城镇面板数据的实证研究［J］. 经济科学（4）：77-93.

［76］任强，唐启明，2014. 中国老年人的居住安排与情感健康研究［J］. 中国人口科学（4）：82-91，128.

［77］阮航清，陈功，2017. 中国老年人与收入相关的健康不平等及其分解：以北京市为例［J］. 人口与经济（5）：84-94.

［78］宋月萍，宋正亮，2016. 生育行为对老年女性健康的影响［J］. 人口研究，40（4）：76-87.

［79］宋月萍，谭琳，2006．卫生医疗资源的可及性与农村儿童的健康问题［J］．中国人口科学（6）：43-48，95-96．

［80］宋月萍，张耀光，2009．农村留守儿童的健康以及卫生服务利用状况的影响因素分析［J］．人口研究，33（6）：57-66．

［81］孙猛，李晓巍，2017．空气污染与公共健康：基于省际面板数据的实证研究［J］．人口学刊，39（5）：5-13．

［82］王甫勤，2011．社会流动有助于降低健康不平等吗？［J］．社会学研究，25（2）：78-101，244．

［83］王洪亮，邹凯，孙文华，2017．中国居民健康不平等的实证分析［J］．西北人口，38（1）：85-91．

［84］王曲，刘民权，2005．健康的价值及若干决定因素：文献综述［J］．经济学（季刊）（4）：1-52．

［85］王新军，郑超，2014．医疗保险对老年人医疗支出与健康的影响［J］．财经研究，40（12）：65-75．

［86］王亚南，1979．资产阶级古典政治经济学选辑［M］．北京：商务印书馆：298-299．

［87］王勇，李建民，2014．生命周期视角下与收入相关的健康不平等分析：基于组群分析的方法［J］．南方人口，29（6）：42-54，78．

［88］韦艳，郑晨琪，陈瑞斌，2019．陕西省人口健康空间格局及影响因素研究：基于107个县的空间计量分析［J］．统计与信息论坛，34（6）：121-128．

［89］魏众，古斯塔夫森，2005．中国居民医疗支出不公平性分析［J］．经济研究（12）：26-34．

［90］吴晓瑜，李力行，2014．城镇化如何影响了居民的健康？［J］．南开经济研究（6）：58-73．

［91］向运华，姚虹，2016．城乡老年人社会支持的差异以及对健康状况和生活满意度的影响［J］．华中农业大学学报（社会科学版）（6）：85-92，145．

［92］辛怡，2012．卫生服务可及性与农村居民健康不平等［J］．农业

技术经济（8）：105-112.

　　[93] 熊艾伦，黄毅祥，蒲勇健，2016. 社会资本对个人健康影响的差异性研究 [J]. 经济科学（5）：71-82.

　　[94] 熊跃根，黄静，2016. 我国城乡医疗服务利用的不平等研究：一项于 CHARLS 数据的实证分析 [J]. 人口学刊，38（6）：62-76.

　　[95] 徐淑一，王宁宁，2015. 经济地位、主观社会地位与居民自感健康 [J]. 统计研究，32（3）：62-68.

　　[96] 薛新东，2015. 社会资本与国民健康政策 [J]. 财政研究（11）：46-51.

　　[97] 薛新东，2015. 中国老年人健康不平等的演变趋势及其成因 [J]. 人口与发展，21（2）：84-92.

　　[98] 薛新东，刘国恩，2012. 社会资本决定健康状况吗：来自中国健康与养老追踪调查的证据 [J]. 财贸经济（8）：113-121.

　　[99] 杨克文，臧文斌，李光勤，2019. 子女教育对中老年父母健康的影响 [J]. 人口学刊，41（5）：72-90.

　　[100] 宜昌地区革命委员会调查组，1968. 深受贫下中农欢迎的合作医疗制度 [N]. 人民日报，12-5（1）.

　　[101] 尹庆双，王薇，王鹏，2011. 我国农村居民的收入与健康状况循环效应分析：基于 CHNS 数据的实证分析 [J]. 经济学家（11）：43-51.

　　[102] 于大川，2015. 城镇居民医疗保险是否促进了医疗服务利用？：一项对制度运行效果的实证评估 [J]. 金融经济学研究，30（5）：117-128

　　[103] 于大川，丁建定，2016. 社会医疗保险对老年人健康的影响：基于倾向得分匹配方法的反事实评估 [J]. 华中科技大学学报（社会科学版），30（2）：107-115.

　　[104] 俞德鹏，2001. 社会主义平等原则的内涵是机会平等 [J]. 社会主义研究（6）：26-28.

　　[105] 罗尔斯，1988. 正义论 [M]. 何怀宏，何包钢，廖申白，译. 北京：中国社会科学出版社.

　　[106] 岳希明，李实，史泰丽，2010. 垄断行业高收入问题探讨 [J].

中国社会科学（3）：78-94，222-223.

［107］张冲，张丹，2016. 城市老年人社会活动参与对其健康的影响：基于 CHARLS 2011 年数据［J］. 人口与经济（5）：55-63.

［108］张丽琴，王勤，唐鸣，2007. 医疗卫生服务的差异分析与均等化对策［J］. 社会主义研究（6）：110-114.

［109］张思锋，杨致忻，李菲，等，2011. 新型农村合作医疗对农村居民卫生服务可及性的影响：基于陕西省的抽样调查［J］. 兰州大学学报（社会科学版），39（3）：97-103.

［110］张研，张耀光，张亮，2013. 三大基本医疗保障制度保障能力差异分析［J］. 中国卫生经济，32（2）：60-63.

［111］张永辉，何雪雯，朱文璠，等，2018. 职业类型和社会资本对农村中老年健康的影响［J］. 西北农林科技大学学报（社会科学版），18（3）：151-160.

［112］章丹，徐志刚，陈品，2019. 新农合"病有所医"有无增进农村居民健康？：对住院患者医疗服务利用、健康和收入影响的再审视［J］. 社会，39（2）：58-84.

［113］赵广川，2017. 国民健康不平等及其内在影响机制、演变过程［J］. 世界经济文汇（5）：55-74.

［114］赵红军，胡玉梅，2016. 教育程度一定会提高健康水平吗？：基于中国家庭追踪调查（CFPS）的实证分析［J］. 世界经济文汇（6）：90-106.

［115］赵忠，2006. 我国农村人口的健康状况及影响因素［J］. 管理世界（3）：78-85.

［116］郑莉，曾旭晖，2016. 社会分层与健康不平等的性别差异：基于生命历程的纵向分析［J］. 社会，36（6）：209-237.

［117］中共中央文献研究室，1998. 建国以来毛泽东文稿（第12册）［M］. 北京：中央文献出版社：604.

［118］周彬，齐亚强，2012. 收入不平等与个体健康：基于 2005 年中国综合社会调查的实证分析［J］. 社会，32（5）：130-150.

[119] 周广肃，樊纲，申广军，2014. 收入差距、社会资本与健康水平：基于中国家庭追踪调查（CFPS）的实证分析 [J]. 管理世界（7）：12-21，51，187.

[120] 周钦，秦雪征，袁燕，2013. 农民工的实际医疗服务可及性：基于北京市农民工的专项调研 [J]. 保险研究（9）：112-119.

[121] 周钦，田森，潘杰，2016. 均等下的不公：城镇居民基本医疗保险受益公平性的理论与实证研究 [J]. 经济研究，51（6）：172-185.

[122] 周寿祺，2002. 探寻农民健康保障制度的发展轨迹 [J]. 国际医药卫生导报（6）：18-19.

[123] 周忠良，高建民，周志英，等，2011. 新型农村合作医疗改善卫生服务可及性效果评价 [J]. 中国卫生经济，30（12）：43-45.

[124] 朱俊生，2008. 从社区融资到全民健康保障 [M]. 北京：中国劳动社会保障出版社：210-216.

[125] 朱莉华，曹乾，王健，2009. 居民健康与卫生保健及医疗服务的可及性关系：基于 CHNS 2006 年数据的实证研究 [J]. 经济研究导刊（13）：205-207.

[126] 朱玲，2000. 政府与农村基本医疗保健保障制度选择 [J]. 中国社会科学（4）：89-99，206.

[127] 朱铭来，史晓晨，2016. 医疗保险对流动人口灾难性医疗支出的影响 [J]. 中国人口科学（6）：47-57，127.

[128] "珠海市人口老龄化现况调查及对策研究"课题组，"中国老龄人口健康问题与对策研究"课题组，李鸿雁，等，2016. 中国南北方老年人健康状况调查与分析：以广东省珠海市和吉林省长春、四平两市为例 [J]. 人口学刊，38（1）：77-87.

[129] Adler N E, Ostrove J M, 1999. Socioeconomic status and health: What we know and what we don't [J]. Annals of the New York Academy of Sciences, 896 (1): 3-15.

[130] Aguero J M, Beleche T, 2017. Health shocks and their long-lastingimpact on health behaviors: Evidence from the 2009 H1N1 pandemic in

Mexico [J]. Journal of Health Economics, 54 (6): 40-55.

[131] Al-Kabir A, 1987. Effects of community factors on infant and child mortality in rural Bangladesh [J]. Studies in Family Planning, 18 (2): 116.

[132] Anand S, Bärnighausen T, 2004. Human resources and health outcomes: Cross – country econometric study [J]. The Lancet, 364 (9445): 1603-1609.

[133] Anderson R M, 1968. A behavioral model of families' use of health services [J]. Center for Health Administration Studies (2): 102-111.

[134] Anderson R M, 1995. Revisiting the behavioral model and access to medical care: Does it matter? [J]. Journal of Health and Social Behavior (1): 1-10.

[135] Bago D 'Uva T, O' Donnell O, Van Doorslaer E, 2008. Differential health reporting by education level and its impact on the measurement of health inequalities among older Europeans [J]. International Journal of Epidemiology, 37 (6): 1375-1383.

[136] Baker D W, Sudano J J, Albert J M, et al., 2001. Lack of health insurance and decline in overall health in late middle age [J]. New England Journal of Medicine, 345: 1106-1112.

[137] Bartley M, 2012. Explaining health inequality: Evidence from the UK [J]. Social Science and Medicine, 74 (5): 658-660.

[138] Benefo K, Schultz T P, 1996. Fertility and child mortality in Cote d' Ivoire and Ghana [J]. The World Bank Economic Review, 10 (1): 123-158.

[139] Black D, Jerry M, Cyril S, et al., 1980. Inequalities inhealth: Report of a research working group [M]. London: Department of Health and Social Security.

[140] Bolin K, Lindgren B, Lindström M, et al., 2003. Investments in social capital-Implications of social interactions for the production of health [J]. Social Science and Medicine, 56 (12): 2379-2390.

[141] Braveman P, 2002. Social inequalities in health within countries: Not

only an issue for affluent nations [J]. Social Science and Medicine, 54 (11): 1621-1635.

[142] Braveman P, 2006. Health disparities and health equity: Concepts and measurement [J]. Annual Review of Public Health, 27: 167-194.

[143] Brown M E, Bindman A B, Lurie N, 1998. Monitoring the consequences of uninsurance: A review of methodologies [J]. Medical Care Research and Review, 55 (2): 177-210.

[144] Buchmueller T C, Grumbach K, Kronick R, et al., 2005. The effect of health insurance on medical care utilization and implications for insurance expansion: A review of the literature [J]. Medical Care Research and Review, 62 (1): 3-30.

[145] Bury M, 2005. Health andillness [M]. Polity Press.

[146] Callahan D, 1973. The WHO definition of health [J]. Hastings Center Studies, 1 (3): 77-87.

[147] Card D, Dobkin C, Maestas N, 2009. Does medicare save lives? [J]. The Quarterly Journal of Economics, 124 (2): 597-636.

[148] Card D, Maestas D N, 2009. Does medicare save lives? [J]. The Quarterly Journal of Economics, 124 (2): 597-636.

[149] Case A, Paxson C, 2005. Sex differences in morbidity and mortality [J]. Demography, 42 (2): 189-214.

[150] Chen Y, Jin G, 2012. Does health insurance coverage lead to better health and educational outcomes? Evidence from rural China [J]. Journal of Health Economics, 31: 1-14.

[151] Conti G, Heckman J, Urzua S, 2010. The education-health gradient [J]. American Economic Review, 100 (2): 234-238.

[152] Crimmins E M, Kim J K, Hagedorn A, 2002. Life with and without disease: Women experience more of both [J]. Journal of Women and Aging, 14 (1-2): 47-59.

[153] Dahl E, 1996. Social mobility and health: Cause or effect? [J].

BMJ Clinical Research, 313 (7055): 435-436.

[154] Diehr P K, Richardson W C, Logerfo S J P, 1979. Increased access to medical care: The impact on health [J]. Medical Care, 17 (10): 989-999.

[155] Elam M B, Heckman J, Crouse J R, et al., 1998. Effect of the novel antiplatelet agent cilostazol on plasma lipoproteins in patients with intermittent claudication [J]. Arterioscler Thromb Vasc Biol, 18 (12): 1942-1947.

[156] Elo I T, 2009. Social class differentials in health and mortality: Patterns and explanations in comparative perspective [J]. Annual Review of Sociology, 35: 553-572.

[157] Engel G L, 1977. The need for a new medical model: A challenge for biomedicine [J]. Science, (196): 129-136.

[158] Ferraro K F, 1980. Self-ratings of health among the old and the old-old [J]. Journal of Health and Social Behavior, 21 (4): 377-383.

[159] Filmer D, King E, Pritchett L, 1998. Gender disparity in South Asia: Comparisons between and within countries [Z]. Policy Research Working Paper Series, No. 1867.

[160] Finkelstein A S, Tanbman B, Wright M, et al., 2012. The Oregon health insurance experiment: Evidence from the first year [J]. The Quarterly Journal of Economics, 127 (3): 1057-1106.

[161] Freeman J D, Kadiyala S, Bell J F, et al., 2008. The causal effect of health insurance on utilization and outcomes in adults [J]. Medical Care, 46 (10): 1023-1032.

[162] Fuchs V R, 1982. Economic aspects of health [M]. Chicago: Chicago Press.

[163] Gerdtham U, Johannesson M, 1999. New estimates of the demand for health: Results based on a categorical health measure and Swedish micro data [J]. Social Science and Medicine, 49 (10): 1325-1332.

[164] Gertler P, 2004. Do conditional cash transfers improve child health? Evidence from PROGRESA's control randomized experiment [J]. American

Economic Review, 94 (2): 336-341.

[165] Gertler P, Sturm R, 1997. Private health insurance and public expenditure in Jamaica [J]. Journal of Econometrics, 77 (1): 237-257.

[166] Glewwe P, Litvack J, 2002. Provision of healthcare and education in transitional Asia: Key issues and lessons from Vietnam [M] // Poverty, income distribution and well-being in Asia during the transition. Palgrave Macmillan UK.

[167] Goddard M, Smith P, 2001. Equity of access to health care services: Theory and evidence from the UK [J]. Social Science and Medicine, (9): 1149-1162.

[168] Grossman M, 1972. On the concept of health capital and the demand for health [J]. Journal of Political Economy, 80 (2): 223-255.

[169] Grossman M, 1975. The correlation between health and schooling [A]. Terleckyj N E. Household production and consumption [C]. New York: Columbia University Press for the National Bureau of Economic Research, 147-224.

[170] Grossman M, 2000. The human capital model in handbook of health economics [M]. Amsterdam: Elsevier, 347-408.

[171] Grossman M, Kaestner R, 1997. Effects of education on health-The social benefits of education [M]. Ann Arbo: University of Michigan Press.

[172] Hadley J, 2003. Sicker and poorer - The consequences of being uninsured: A review of the research on the relationship between health insurance, medical care use, health, work, and income [J]. Medical Care Research and Review, 60: 3-75.

[173] Hartog J, Oosterbeek H, 1998. Health, wealth and happiness: Why pursue a higher education? [J]. Economics of Education Review, 17 (3): 245-256.

[174] Hays J C, Schoenfeld D, Blazer D G, et al. , 1996. Global self-ratings of health and mortality: Hazard in the North Carolina piedmont [J]. Journal of Clinical Epidemiology, 49 (9): 969-979.

[175] Heckman J J, Payner B S, 1989. Determining the impact of federal

antidiscrimination policy on the economic status of blacks: A study of South Carolina [J]. American Economic Review, 79 (1): 138-177.

[176] Heidrich J, Liese A D, Hannelore Löwel, et al. , 2002. Self-rated health and its relation to all - cause and cardiovascular mortality in Southern Germany. Results from the MONICA Augsburg cohort study 1984 - 1995 [J]. Annals of Epidemiology, 12 (5): 338-345.

[177] Hoffman C, Paradise J, 2008. Health insurance and access to health care in the United States [J]. Annals of the New York Academy of Sciences, 1136 (1): 149-160.

[178] Hyder A A, Puvanachandra P, Morrow R H, 2012. Measuring the health of populations: Explaining composite indicators [J]. Journal of Public Health Research, 1 (3): 222.

[179] Hyyppa M, Maki J, 2001. Individual - level relationships between social capital and self - rated health in a bilingual community [J]. Preventive Medicine, 32 (2): 148-155.

[180] Idler E L, Angel R J, 1990. Self-rated health and mortality in the NHANES-I epidemiologic follow - up - study [J]. American Journal of Public Health, 80 (4): 446-452.

[181] Idler E L, Kasl S V, 1995. Self - ratings of health: Do they also predict change in functional ability? [J]. The Journals of Gerontology Series B: Psychological Sciences and Social Sciences, 50 (6): S344-S353.

[182] IOM, 2002. Care withoutcoverage: Too little, too late [M]. Washington DC: National Academy Press.

[183] Kaplan G, Barell V, Lusky A, 1988. Subjective state of health and survival in elderly adults [J]. Journal of Gerontology, 43 (4): S114-S120.

[184] Kawachi I, Kennedy B P, 1997. The relationship of income inequality to mortality: Does the choice of indicator matter? [J]. Social Science and Medicine, 45 (7): 1121-1127.

[185] Koivusilta L K, Rimpelä A H, Kautiainen S M, 2006. Health

inequality in adolescence. Does stratification occur by familial social background, family affluence, or personal social position? [J]. BMC Public Health, 6: 110.

[186] Kunst A E, Mackenbach J P, 1994. The size of mortality differences associated with educational level in nine industrialized countries [J]. American Journal of Public Health, 84 (6): 932-937.

[187] Le Grand J, 1987. Inequalities in health: Some international comparisons [J]. European Economic Review, 31 (1-2): 182-191.

[188] Lei X, Lin W, 2009. The new cooperative medical scheme in rural China: Does more coverage mean more service and better health? [J]. Health Economics, 18: S25-S46.

[189] Lemon B W, Bengtson V L, Peterson J A, 1972. An exploration of the activity theory of aging: Activity types and life satisfaction among in-movers to a retirement community [J]. Journal of Gerontology, 27 (4): 511-523.

[190] Lin X, Cai M, Tao H, et al., 2017. Insurance status, inhospital mortality and length of stay in hospitalised patients in Shanxi, China: A cross-sectional study [J]. BMJ Open, 7 (7): e015884.

[191] Lowry D, Xie Y, 2009. Socioeconomic status and health differentials in China: Convergence or divergence at older ages? [R]. Population Studies Center Research Report No. 09-690, University of Michigan.

[192] Lynch J W, Smith G D, Kaplan G A, et al., 2000. Income inequality and mortality: Importance to health of individual income, psychosocial environment, or material conditions [J]. BMJ, 320 (7243): 1200-1204.

[193] Lynch S M, 2006. Explaining life course and cohort variation in the relationship between education and health: The role of income [J]. Journal of Health and Social Behavior, 47 (4): 324-338.

[194] Manning W G, Newhouse J P, Duan N, et al., 1987. Health insurance and the demand for medical care: Evidence from a randomized experiment [J]. The American Economic Review, 77 (3): 251-277.

[195] Lindström M, Moghaddassi M, Merlo J, 2004. Individual self-

reported health, social participation and neighbourhood: A multilevel analysis in Malmö, Sweden [J]. Preventive Medicine, 39 (1): 135-141.

[196] Mathers C D, Sadana R, Salomon J A, et al. , 2001. Healthy life expectancy in 191 countries, 1999 [J]. The Lancet, 357 (9269): 1685-1691.

[197] Meara E R, Richards S, Cluster D M, 2008. The gap gets bigger: Changes in mortality and life expectancy, by education 1981-2000 [J]. Health Affairs, 27 (2): 350-360.

[198] Meer J, Rosen H S, 2004. Insurance and the utilization of medical services [J]. Social Science and Medicine, 58 (9): 1623-1632.

[199] Meng Q, Mills A, Wang L, et al. , 2019. What can we learn from China's health system reform? [J]. BMJ, 365: l2349.

[200] Milyo J, Mellor J M, 2004. On the importance of age-adjustment methods in ecological studies of social determinants of mortality [J]. Health Services Research, 38 (6 Pt 2): 1781-1790.

[201] Morris S, Sutton M, Gravelle H, 2005. Inequity and inequality in the use of health care in England: An empirical investigation [J]. Social Science and Medicine, 60 (6): 1251-1266.

[202] Mossey J M, Shapiro E, 1982. Self-rated health: A predictor of mortality among the elderly [J]. American Journal of Public Health, 72 (8): 800-808.

[203] Mustard C A, Derksen S, Berthelot J M, et al. , 1997. Age-specific education and income gradients in morbidity and mortality in a Canadian province [J]. Social Science and Medicine, 45 (3): 383-397.

[204] Daniels N, 1985. Just health care [M]. New York: Cambridge University Press.

[205] Penchansky R, Thomas J W, 1981. The concept of access: Definition and relationship to consumer satisfaction [J]. Medical Care, 19 (2): 127-140.

[206] Reidpath D D, Allotey P, 2003. Infant mortality rate as an indicator of population health [J]. Journal of Epidemiology and Community Health, 57:

344-346.

[207] Riccardo, Davanzo, 2004. Newborns in adverse conditions: Issues, challenges, and interventions [J]. Journal of Midwifery and Women's Health, 49 (4): 29-35.

[208] Rodgers G B, 1979. Income and inequality as determinants of mortality: An international cross-section analysis [J]. Population Studies, 33 (2): 343-351.

[209] Rosenbaum P R, Rubin D B, 1985. The bias due to incomplete matching [J]. Biometrics, 41 (1): 103-115.

[210] Rosenzweig M R, Schultz T P, 1982. Child mortality and fertility in Colombia: Individual and community effects [J]. Health Policy Education, 2 (3-4): 305-348.

[211] Rosenzweig M R, Schultz T P, 1982. Market opportunities, genetic endowments, and intrafamily resource distribution: Child survival in rural India [J]. American Economic Review, 72 (3): 521-522.

[212] Rose R, 2000. A survey study of Russians [J]. Social Science and Medicine, 51 (9): 1421-1435.

[213] Rose S, Hartmann H, 2004. Still a man's labor market: The long-term earnings gap [R]. Washington DC: Institute for Women's Policy Research.

[214] Ross C E, Bird C E, 1994. Sex stratification and health lifestyle: Consequences for men's and women's perceived health [J]. Journal of Health and Social Behavior, 35 (2): 161-178.

[215] Ross C E, Master R K, Hummer R A, 2012. Education and the gender gaps in health and mortality [J]. Demography, 49 (4): 1157-1183.

[216] Ross C E, Mirowsky J, 2000. Does medical insurance contribute to socioeconomic differentials in health? [J]. The Milbank Quarterly, 78: 291-321.

[217] Rutstein S O, 2000. Factors associated with trends in infant and child mortality in developing countries during the 1990s [J]. Bull World Health Organ,

78 (10): 1256-1270.

[218] Sandiford P, Coyle E, Smith G D, 1991. Why Nicaraguan children survive. Moving beyond scenario thinking [J]. Links Health and Development Report, 8 (3): 11-12.

[219] Schnittker J, 2007. Working more and feeling better: Women's health, employment, and family life, 1974-2004 [J]. American Sociological Review, 72 (2): 221-238.

[220] Sen A, 1998. Mortality as an indicator of economic success and failure [J]. Economic Journal, 108 (446): 1-25.

[221] Siegrist J, Wahrendorf M, 2016. Workstress and health in a globalized economy: The model of effort-reward imbalance [M]. Switzerland: Springer.

[222] Subramanian S V, Kawachi I, 2004. Income inequality and health: What have we learned so far? [J]. Epidemiologic Reviews, 26 (1): 78-91.

[223] Taylor R B, 2001. Family medicine: Principles and practice [M]. New York: Springer-Verlag Inc.

[224] Van Doorslaer E, Jones A M, 2003. Inequalities in self-reported health: Validation of a new approach to measurement [J]. Journal of Health Economics, 22 (1): 61-87.

[225] Van Doorslaer E, Wagstaff A, Bleichrodt H, et al., 1997. Income-related inequalities in health: Some international comparisons [J]. Journal of Health Economics, 16 (1): 93-112.

[226] Wagstaff A, 2002. Inequalities in health in developing countries: Swimming against the tide? [Z]. The World Bank Policy Research Working Paper, No. 2795.

[227] Wagstaff A, Lindelow M, Jun G, et al., 2009. Extending health insurance to the rural population: An impact evaluation of China's new cooperative medical scheme [J]. Journal of Health Economics, 28 (1): 1-19.

[228] Wagstaff A, Paci P, Van Doorslaer E, 1991. On the measurement of

inequalities in health [J]. Social Science and Medicine, 33 (5): 545-557.

[229] Wagstaff A, Van Doorslaer E, 1994. Measuring inequalities in health in the presence of multiple-category morbidity indicators [J]. Health Economics, 3 (4): 281-291.

[230] Wagstaff A, Van Doorslaer E, Paci P, 1989. Equity in the finance and delivery of health care: Some tentative cross-country comparisons [J]. Oxford Review of Economic Policy, 5 (1): 89-112.

[231] Wagstaff A, Van Doorslaer E, Watanabe N, 2003. On decomposing the causes of health sector inequalities with an application to malnutrition inequalities in Vietnam [J]. Journal of Econometrics, 112 (1): 207-223.

[232] Weinberger M, Darnell J C, Martz B L, et al., 1986. The effects of positive and negative life changes on the self-reported health status of elderly adults [J]. Journal of Gerontology, 41 (1): 114-119.

[233] Whitehead M, 1991. The concepts and principles of equity and health [J]. Health Promotion International, 6 (3): 217-228.

[234] Winkleby M A, Jatulis D E, Frank E, et al., 1992. Socioeconomic status and health: How education, income, and occupation contribute to risk factors for cardiovascular disease [J]. American Journal of Public Health, 82 (6): 816-820.

[235] World Health Organization, 2000. Health system: Improving performance [R]. Geneva: WHO.

[236] Yiengprugsawan V, Lim L L, Carmichael G A, et al., 2010. Decomposing socioeconomic inequality for binary health outcomes: An improved estimation that does not vary by choice of reference group [J]. Bmc Research Notes, 3: 57.

[237] Yip W, Hsiao W, 2009. China's health care reform: A tentative assessment [J]. China Economic Review, 20 (4): 613-619.